Dieses Buch

gehört:

_____

Zwergenstübchen

Zwergenstübchen

Zauberhafte Backrezepte

Kaufmann Verlag

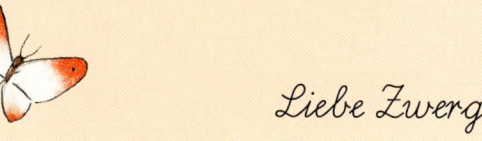

Liebe Zwergenstübchen-Freunde,

die Zwerge wollten mit diesem Buch ein ganz besonderes Highlight
herausbringen. Es sollte nicht nur tolle Backrezepte enthalten, sondern etwas
ganz Außergewöhnliches, was es noch nie in einem Zwergenstübchen-Buch gab.
Sie überlegten lange, was es sein könnte. Und dann kam ihnen die Idee,
Tortenaufleger als Dekoration für einige Torten, Kuchen und
Törtchen exklusiv in diesem Zwergenstübchen-Backbuch
anzubieten. Auf Seite 57 finden Sie die Tortenaufleger zum Downloaden,
die Sie zu Ihrem Konditor schicken können, damit er Ihnen das
Zwergenstübchen-Bild für Ihr Backwerk herstellen kann, natürlich zum
Mitessen. Ganz besonders schön ist, dass nicht nur die Zwerge auf den Bildern
zu sehen sind, sondern auch ihre Freunde wie der Zwergen-Zauberer,
welcher auf der Torte zaubert, die Hexen, die mit den Besen herumfliegen,
die Cowboy-Zwerge, welche auf ihren Mustangs reiten.

Nun wünschen wir Ihnen viel Freude mit den Tortenauflegern
für Ihre Backwerke und hoffen, dass diese Ihnen genauso
gut gefallen wie uns.

Elke und Timo Schuster

SCHOKO-MUFFINS

Zutaten:

250 g Butter

200 g Zucker

1 Päckchen Vanillezucker

4 Eier

200 g Mehl

50 g Speisestärke

$1/2$ Päckchen Backpulver

100 ml Saft

100 g geraspelte Schokolade

Zubereitung:

Alle Zutaten zu einem Rührteig verarbeiten. Den Teig in Papierbackförmchen füllen. Im vorgeheizten Backofen bei 180 Grad ca. 20 Minuten backen. Die ausgekühlten Muffins beliebig verzieren, z. B. mit geschmolzener Kuvertüre, Sahnetupfen oder Puderzucker.

MANDEL-KUCHEN

Zutaten:

250 g Butter

220 g Zucker

2 Päckchen Vanillezucker

5 Eier

200 g Mehl

100 g Speisestärke

1 Päckchen Backpulver

200 g gemahlene Mandeln

100 ml Milch

Zubereitung:

Alle Zutaten zu einem Rührteig verarbeiten. Den Teig in
eine gefettete, mit Semmelbrösel ausgestreute Gugelhupfform
füllen. Im vorgeheizten Backofen bei 175 Grad ca. 60 Minuten backen. Den ausgekühlten
Mandel-Kuchen mit geschmolzener Kuvertüre verzieren oder
Puderzucker darüberstäuben.

ZWERGEN-SCHNECKEN

Zutaten:

Teig:

300 g Mehl

1 Teelöffel Backpulver

90 g Zucker

1 Päckchen Vanillezucker

1 Ei

150 g Natur-Joghurt

100 g Butter

Belag:

etwas geschmolzene Butter

3 Äpfel

2 Teelöffel Zimt

2 Esslöffel Zucker

1 Esslöffel gemahlene Mandeln

Guss:

100 g Puderzucker

1 Esslöffel Zitronensaft

Zubereitung:

Aus den Teigzutaten einen Mürbteig herstellen. Den Teig auf einer bemehlten Arbeitsfläche rechteckig dünn auswellen, mit der geschmolzenen Butter bestreichen. Die geschälten, vom Kernhaus befreiten, in kleine Würfel geschnittenen Äpfel mit Zimt, Zucker und Mandeln vermischen, auf der Teigplatte verteilen.

Den Teig von der Längsseite her aufrollen. Die Teigrolle in ca. 2 cm dicke Scheiben schneiden und auf ein mit Back-Trennpapier ausgelegtes Backblech setzen. Im vorgeheizten Backofen bei 180 Grad ca. 40 Minuten backen. Für den Guss Puderzucker, Zitronensaft verrühren und die noch warmen Zwergen-Schnecken bestreichen.

DOMINO-KEKSE

Zutaten:

Teig:

250 g Butter

250 g Zucker

1 Päckchen Vanillezucker

6 Eier

100 g Mehl

1 Teelöffel Backpulver

1 Esslöffel Kakao

250 g geraspelte Schokolade

250 g gemahlene Mandeln

Glasur:

80 g Zartbitter-Kuvertüre

etwas weiße Kuvertüre

Zubereitung:

Alle Teigzutaten zu einem Rührteig verarbeiten. Den Teig auf ein mit Back-Trennpapier ausgelegtes Backblech streichen. Im vorgeheizten Backofen bei 180 Grad ca. 25 Minuten backen. Anschließend mit der zuvor im Wasserbad geschmolzenen Zartbitter-Kuvertüre überziehen, erkalten lassen. Danach in kleine Rechtecke schneiden und mit der geschmolzenen weißen Kuvertüre wie ein Domino-Spiel verzieren.

SCHOKOTRAUM

Zutaten:

Teig:

4 Eigelb

4 Esslöffel lauwarmes Wasser

125 g Puderzucker

4 Eiweiß

100 g Mehl

100 g Speisestärke

1 Teelöffel Backpulver

1. Creme

2 Becher süße Sahne

200 g Vollmilch-Schokolade

2 Päckchen Vanillezucker

2 Päckchen Sahnesteif

250 g Mascarpone

2. Creme

2 Becher süße Sahne

200 g weiße Schokolade

2 Päckchen Vanillezucker

2 Päckchen Sahnesteif

250 g Mascarpone

1 Dose Tortenpfirsich-Schnitten

Zubereitung:

Alle Teigzutaten zu einem Biskuit verarbeiten, ca. 25 Minuten
backen. Diesen gut auskühlen
lassen, danach einmal in der Mitte
quer durchschneiden. Für die
erste Creme zwei Becher Sahne
erhitzen, darin die zerkleinerte
Vollmilch-Schokolade unter Rühren schmelzen, anschließend
abkühlen lassen, einige Stunden
kaltstellen. Danach mit Vanillezucker und Sahnesteif aufschlagen,
Mascarpone einrühren.

Die zweite Creme genauso zubereiten. Nun den Tortenring
um einen Biskuitboden legen, die
Hälfte der ersten Creme darauf
verteilen, Tortenpfirsich-Schnitten darübergeben. Die zweite
Creme gleichmäßig auf den
Pfirsichen verteilen, mit dem
zweiten Boden abdecken. Restliche dunkle Creme auf die Torte
streichen.
Ein besonderes Highlight zum
Verzieren der Torte ist das Zwergenbild. Den QR-Code zum
Downloaden finden Sie auf S. 57.

ÄPFELCHEN

12

Zutaten:

Teig:

250 g Mehl

$1/2$ Teelöffel Backpulver

100 g Zucker

1 Päckchen Vanillezucker

1 Ei

1 Esslöffel Mineralwasser

100 g Butter

Belag:

30 g gemahlene Mandeln

800 g Äpfel

50 g Zucker

etwas Zimt

Guss:

$1/4$ l Milch

$1/4$ l süße Sahne

1 Päckchen Sahne-
Puddingpulver

50 g Zucker

1 Päckchen Vanillezucker

100 g Butter

4 Eigelb

2 Eiweiß

Zubereitung:

Aus den Teigzutaten einen Mürbteig herstellen. Äpfel schälen, vierteln, das Kerngehäuse herausnehmen, danach Zucker und Zimt untermischen, zugedeckt gut durchziehen lassen. Während dessen aus Milch, Sahne, Puddingpulver, Zucker, Vanillezucker einen Pudding nach Packungsanweisung kochen. Butter, Eigelb in den Pudding einrühren, steif geschlagenes Eiweiß unterziehen, abkühlen lassen.

Nun auf einer bemehlten Arbeitsfläche den Teig auswellen und in eine gefettete Kuchenform legen. Den Teigboden mit Mandeln bestreuen, die Apfelschnitze darauf anordnen, darüber den Guss verteilen. Den Apfelkuchen im vorgeheizten Backofen bei 190 Grad ca. 45 Minuten backen.

ROSINCHEN

Zutaten:

250 g Mehl

1/2 Päckchen Backpulver

100 g Butter

100 g Zucker

1 Päckchen Vanillezucker

1 Ei

125 g Quark

50 g gemahlene Mandeln

100 g Rosinen

Zubereitung:

Alle Teigzutaten zu einem glatten Teig kneten. Den Teig formen und in eine gefettete Kastenform geben. Im vorgeheizten Backofen bei 190 Grad ca. 45 Minuten backen. Puderzucker über den ausgekühlten Kuchen stäuben.

SCHOKO-SAHNETORTE

Zutaten:

Teig:

6 Eigelb

6 Esslöffel lauwarmes Wasser

240 g Puderzucker

1 Päckchen Vanillezucker

6 Eiweiß

140 g Mehl

140 g Speisestärke

1 Teelöffel Backpulver

Belag:

4 Becher süße Sahne

2 Päckchen Vanillezucker

4 Päckchen Sahnesteif

4 Esslöffel Kakao

100 g Schokolade

Kuvertüre

Zubereitung:

Alle Teigzutaten zu einem Biskuit verarbeiten. Backzeit ca. 45 Minuten.

Nach dem Auskühlen zweimal waagerecht durchschneiden. Für den Belag Sahne, Vanillezucker, Sahnesteif schlagen, Kakao mitrühren und die abgekühlte, zuvor im Wasserbad geschmolzene Schokolade unterziehen. Den Tortenring um einen Biskuitboden legen. Die Hälfte der Schokosahne auf dem ersten Boden verteilen, darüber den zweiten Boden geben, darauf die restliche Schokosahne streichen, anschließend mit dem letzten Boden abdecken, kaltstellen. Die Tortenoberfläche mit der im Wasserbad geschmolzenen Kuvertüre überziehen und mit dem Bild des Zwergen-Zauberers schmücken (siehe QR-Code auf Seite 57).

RHABARBERKUCHEN

Zutaten:

Teig:

250 g Mehl

$1/2$ Teelöffel Backpulver

100 g Zucker

1 Päckchen Vanillezucker

2 Eigelb

175 g Butter

Belag:

1 kg Rhabarber

5 Eigelb

2 Esslöffel lauwarmes Wasser

200 g Zucker

100 g gemahlene Mandeln

1 Becher süße Sahne

5 Eiweiß

Zubereitung:

Aus den Teigzutaten einen Mürbteig herstellen.

Den Teig auf einer bemehlten Arbeitsfläche auswellen und in eine gefettete Kuchenform legen. Den geschälten Rhabarber in kleine Stücke schneiden, in etwas Wasser kurz aufkochen, danach abtropfen lassen. Eigelb, Wasser und Zucker schaumig schlagen. Mandeln, Sahne, abgekühlten Rhabarber einrühren, steif geschlagenes Eiweiß unterziehen. Die Masse auf den Kuchen geben. Im vorgeheizten Backofen bei 180 Grad ca. 60 Minuten backen.

Zutaten:

Teig:

250 g Mehl

$^1/_2$ Teelöffel Backpulver

100 g Zucker

1 Päckchen Vanillezucker

2 Eigelb

1 Esslöffel Crème fraîche

125 g Butter

Belag:

1 Dose Birnen

1 Päckchen Vanille-Puddingpulver

500 ml Birnensaft

3 Eigelb

180 g Crème fraîche

3 Eiweiß

75 g Zucker

Zubereitung:

Aus den Teigzutaten einen Mürbteig herstellen. Den Teig auf einer bemehlten Arbeitsfläche auswellen, in eine gefettete Kuchenform legen, darüber die abgetropften, geviertelten Birnen geben. Den zuvor nach Packungsanweisung mit Birnensaft gekochten Pudding, leicht abgekühlt, auf den Birnen verteilen. Im vorgeheizten Backofen bei 180 Grad ca. 35 Minuten backen. Eigelb, Crème fraîche gut verrühren, das mit Zucker steif geschlagene Eiweiß unterziehen. Die Masse über den Kuchen streichen und weitere ca. 25 Minuten backen.

ZWERGEN-TÖRTCHEN

Zutaten:

Teig:

4 Eier

175 g Zucker

1 Päckchen Vanillezucker

1 Becher süße Sahne

1 Päckchen Vanille-
Soßenpulver ohne Kochen

150 ml Öl

75 g Mehl

2 Päckchen Vanille-
Puddingpulver

$^1/_2$ Päckchen Backpulver

Belag:

265 g Frischkäse

120 g Zucker

1 Päckchen Vanillezucker

1 Becher süße Sahne

1 Päckchen Sahnesteif

1 Teelöffel Kakao

Zubereitung:

Eier, Zucker, Vanillezucker cremig rühren. Sahne und Vanille-Soßenpulver steif schlagen, unter die Masse ziehen. Öl sowie das mit Pudding- und Backpulver vermischte Mehl einrühren. Den Teig in Papierbackförmchen füllen. Im vorgeheizten Backofen bei 180 Grad ca. 25 Minuten backen.

Frischkäse, Zucker, Vanillezucker gut verrühren, die mit Sahnesteif geschlagene Sahne untermischen. In die Hälfte der Creme Kakao rühren. Auf die ausgekühlten Törtchen helle und dunkle Creme-Rosetten spritzen und mit den Buttons (siehe QR-Code auf Seite 57) schmücken.

KIRSCH-SAHNETORTE

Zutaten:

Teig:

75 g Butter

75 g Zucker

1 Päckchen Vanillezucker

2 Eier

75 g Mehl

25 g Speisestärke

1 $1/2$ Teelöffel Backpulver

2 Esslöffel Milch

Belag:

1 Glas Sauerkirschen

1 Päckchen Vanille-

Puddingpulver

400 ml Kirschsaft

250 g Mascarpone

2 Esslöffel Kirschgelee

1 Esslöffel Puderzucker

1 Teelöffel Zimt

2 Becher süße Sahne

1 Esslöffel Zucker

2 Päckchen Vanillezucker

2 Päckchen Sahnesteif

100 g geraspelte Schokolade

Zubereitung:

Alle Zutaten zu einem Rührteig verarbeiten. Den Teig in
eine gefettete Springform füllen.
Im vorgeheizten Backofen bei
180 Grad ca. 30 Minuten backen,
auskühlen lassen, danach einen
Tortenring umlegen.

Die Kirschen unter den nach
Packungsanweisung mit Kirschsaft gekochten Pudding mischen,
kaltstellen. Mascarpone, Kirschgelee, Puderzucker und Zimt
verrühren, auf dem Tortenboden
verteilen, darüber die Kirschen
geben. Sahne, Zucker, Vanillezucker, Sahnesteif schlagen,
Schokolade unterziehen und die
Kirschen damit abdecken.

APFELKUCHEN VOM BLECH

Zutaten:

Teig:
2 Becher süße Sahne
200 g Zucker
1 Päckchen Vanillezucker
5 Eier
375 g Mehl
1 Päckchen Backpulver

Belag:
1 1/2 kg Äpfel
3 Esslöffel Zucker
1 Teelöffel Zimt

Guss:
1 1/2 Becher Crème fraîche
100 g Zucker
1 Päckchen Vanillezucker
1 Ei
1 Päckchen Vanille-Puddingpulver

100 g Mandelblättchen

Zubereitung:
Sahne, Zucker, Vanillezucker halb steif schlagen, nacheinander Eier einrühren. Mehl mit Backpulver vermischt, unterziehen. Die Teigmasse auf ein gefettetes Backblech streichen. Die zuvor geschälten, vom Kernhaus befreiten und in Spalten geschnittenen Äpfel mit Zucker und Zimt vermischt, auf dem Teig verteilen. Im vorgeheizten Backofen bei 180 Grad ca. 15 Minuten backen. Crème fraîche, Zucker, Vanillezucker, Ei, Puddingpulver verrühren, über die Äpfel geben, Mandelblättchen daraufstreuen, weitere 50 Minuten backen.

HEXEN-KEKSE

Zutaten:

400 g Mehl

$1/2$ Päckchen Backpulver

150 g gemahlene Mandeln

250 g Zucker

2 Päckchen Vanillezucker

2 Eier

250 g Butter

Lieblings-Marmelade
ein größeres, rundes
oder rundgewelltes
Ausstecherförmchen

Zubereitung:

Die Zutaten zu einem Mürbteig verarbeiten, kaltstellen. Den Teig auf einer bemehlten Arbeitsfläche auswellen, Kekse ausstechen und auf ein mit Back-Trennpapier ausgelegtes Backblech setzen.

Im vorgeheizten Backofen bei 180 Grad ca. 15 Minuten backen. Nun auf jeweils einen Keks Marmelade streichen, mit einem anderen abdecken.

Über die erkalteten Kekse Puderzucker stäuben oder mit der im Wasserbad geschmolzenen Kuvertüre verzieren.

SCHOKO-KÄSEKUCHEN

Zutaten:

Teig:

150 g Mehl

$1/2$ Teelöffel Backpulver

80 g Zucker

1 Päckchen Vanillezucker

2 Eigelb

$1/2$ Esslöffel Crème fraîche

100 g Butter

Belag:

350 g Frischkäse

250 g Quark

250 g Mascarpone

1 Becher Crème fraîche

200 g Zucker

4 Eigelb

1 Päckchen Vanille-Puddingpulver

150 g Zartbitter-Kuvertüre

150 g weiße Kuvertüre

4 Eiweiß

Zubereitung:

Aus den Teigzutaten einen Mürbteig herstellen. Für den Belag alle Zutaten verrühren. Unter die Hälfte der Creme die zuvor im Wasserbad geschmolzene, abgekühlte dunkle Kuvertüre mischen. Die helle geschmolzene, abgekühlte Kuvertüre in den anderen Teil der Creme rühren.

Steif geschlagenes Eiweiß zu gleichen Teilen unter die dunkle und helle Creme ziehen. Den ausgewellten Teig als Boden (ohne Rand) in eine ganz mit Back-Trennpapier ausgelegte Springform geben.

Nacheinander die dunkle und helle Creme schichten. Im vorgeheizten Backofen bei 200 Grad ca. 60 Minuten backen. Über den ausgekühlten Kuchen Kakao stäuben.

FRUCHTIGE TORTEN – OHNE BACKEN

mit Pfirsichen

Zutaten:

Boden:

225 g Kokos-Zwieback

150 g Butter

Belag:

175 g Frischkäse

60 g Zucker

1 Esslöffel Kokosraspeln

1 Dose Pfirsiche

2 Becher süße Sahne

2 Päckchen Vanillezucker

2 Päckchen Sahnesteif

Kokosraspeln

Zubereitung:

Gemahlener Zwieback und zerlassene Butter vermischen. Einen Tortenring auf eine Tortenplatte setzen, ca. 26 cm Ø.

Die Zwiebackmasse hineingeben und als Tortenboden fest andrücken, kaltstellen. Frischkäse, Zucker, Kokosraspeln verrühren, auf den Tortenboden streichen, mit abgetropften, kleingeschnittenen Pfirsichen belegen. Sahne, Vanillezucker, Sahnesteif schlagen, gleichmäßig über den Pfirsichen verteilen, Kokosraspeln daraufstreuen.

mit Kirschen

Zutaten:

Boden:

225 g Kokos-Zwieback

150 g Butter

Belag:

2 Becher süße Sahne

2 Esslöffel Zucker

3 Päckchen Vanillezucker

3 Päckchen Sahnesteif

1 Becher Schmand

1 Glas Kirschen

Guss:

200 ml Kirschsaft

1 Päckchen Vanillesoße

zum Kochen

2 Esslöffel Zucker

Zubereitung:

Den Tortenboden, wie auf Seite 24 beschrieben, zubereiten. Sahne, Zucker, Vanillezucker, Sahnesteif schlagen, Schmand einrühren und abgetropfte Kirschen unterziehen. Die Sahne-Kirschmasse auf dem Tortenboden gleichmäßig verteilen. Eine Vanillesoße mit dem Kirschsaft und Zucker nach Packungsanweisung zubereiten, abgekühlt über die Torte geben.

Birnen-Muffins

Zutaten:
100 g Butter, 100 g Zucker,
1 Päckchen Vanillezucker, 4 Eigelb, 125 g Mehl,
1/2 Päckchen Backpulver, 2 Esslöffel Milch,
30 g geraspelte Schokolade,
1 Teelöffel Kakao, 200 g Birnen

Zubereitung:
Alle Zutaten zu einem Rührteig
verarbeiten, zum Schluss die abgetropften,
kleingeschnittenen Birnen unterziehen. Den
Teig in Papierbackförmchen füllen. Im vorgeheizten
Backofen bei 180 Grad ca. 20 Minuten backen.
Die ausgekühlten Muffins verzieren, z. B. mit
Birnenstückchen, Kuvertüre und Sahne.

KÖSTLICHES BIRNCHEN

Zutaten:

Teig:

250 g Mehl

1/2 Teelöffel Backpulver

100 g Zucker

1 Päckchen Vanillezucker

2 Eigelb

1 Esslöffel Crème fraîche

125 g Butter

Belag:

1 Dose Birnen

2 Eier

200 g Crème fraîche

100 g süße Sahne

100 g Zucker

1 Päckchen Vanillezucker

1 Esslöffel Vanille-
Puddingpulver

Zubereitung:

Aus den Teigzutaten einen Mürb-teig herstellen. Den Teig auf einer bemehlten Arbeitsfläche auswellen, in eine gefettete Springform legen, darüber die abgetropften, geviertelten Birnen geben.

Eier, Crème fraîche, Sahne, Zucker, Vanillezucker, Puddingpulver verrühren, auf den Birnen verteilen. Im vorgeheizten Backofen bei 180 Grad ca. 60 Minuten backen.

HEXEN-TORTE

Zutaten:

Teig:

6 Eigelb

4 Esslöffel lauwarmes Wasser

240 g Puderzucker

1 Päckchen Vanillezucker

6 Eiweiß

160 g Mehl

120 g Speisestärke

$1/2$ Teelöffel Backpulver

Belag:

1 Päckchen Schokoladen-Puddingpulver

450 ml Milch

4 Esslöffel Zucker

250 g Butter

2 Teelöffel Kakao

225 g Quitten-Gelee

Zubereitung:

Alle Teigzutaten zu einem Biskuit verarbeiten. Backzeit ca. 45 Minuten. Für den Belag aus Milch, Zucker, Puddingpulver einen Pudding nach Packungsanweisung kochen, abkühlen lassen. Butter schaumig schlagen, nacheinander löffelweise Pudding und Kakao einrühren. Nach dem Auskühlen den Biskuit zweimal waagerecht durchschneiden. Beide Böden mit dem zuvor leicht erwärmten Gelee bestreichen. Auf dem unteren Boden $1/3$ Buttercreme gleichmäßig verteilen, den zweiten Boden darübergeben, ebenfalls $1/3$ Buttercreme auftragen. Nun mit dem letzten Boden abdecken und restliche Buttercreme über Tortenoberfläche und Rand streichen, kaltstellen. Anschließend auf die Torte das Hexen-Zwergenbild legen (siehe QR-Code auf Seite 57).

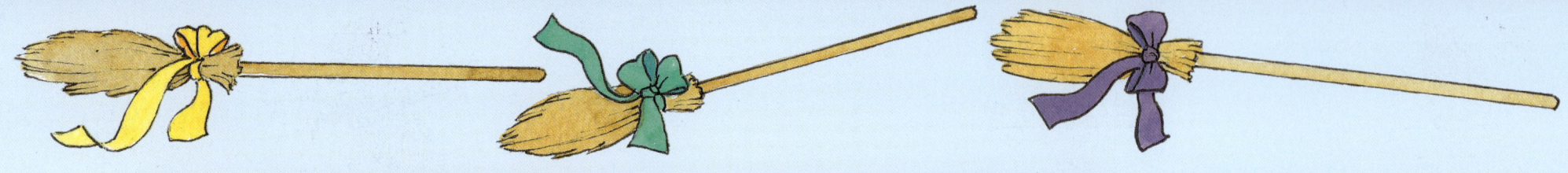

BANANEN-TORTE

Zutaten:

Teig:

100 g Butter

100 g Zucker

1 Päckchen Vanillezucker

4 Eigelb

125 g Mehl

$^1/_2$ Päckchen Backpulver

2 Esslöffel Milch

Baisermasse:

2 Eiweiß

100 g Zucker

30 g geraspelte Schokolade

2 Teelöffel Kakao

40 g Mandelblättchen

Belag:

1 Päckchen Vanille-Puddingpulver ohne Kochen

$1/4$ l Milch

4 Bananen

etwas Zitronensaft

2 Becher süße Sahne

2 Päckchen Vanillezucker

2 Päckchen Sahnesteif

gemahlene Mandeln

Zubereitung:

Aus den Teigzutaten einen Rührteig herstellen.

Diesen in eine gefettete Springform geben und im vorgeheizten Backofen bei 180 Grad ca. 10 Minuten vorbacken. Eiweiß steif schlagen, Zucker gut einrühren, Schokolade und Kakao unterheben, auf dem Boden verteilen. Mandelblättchen darüberstreuen, in weiteren ca. 15 Minuten fertig backen. Einen Pudding nach Packungsanweisung mit $1/4$ l Milch zubereiten. Zwei Bananen pürieren, unter den Pudding mischen. Die Creme auf den ausgekühlten Boden geben, darüber zwei in Scheiben geschnittene, mit Zitronensaft beträufelte Bananen legen. Sahne, Vanillezucker, Sahnesteif schlagen, auf die Torte streichen, gemahlene Mandeln darüberstreuen.

JOHANNISBEERKUCHEN

Zutaten:

Teig:

250 g Mehl

$^1/_2$ Teelöffel Backpulver

100 g Zucker

1 Päckchen Vanillezucker

2 Eigelb

100 g Butter

2 Esslöffel Crème fraîche

Belag:

800 g Johannisbeeren

150 g Zucker

1 Teelöffel Zimt

Guss:

5 Eier

1 $^1/_2$ Becher Natur-Joghurt

1 Becher süße Sahne

120 g Zucker

1 Päckchen Vanillezucker

3 Teelöffel Speisestärke

Zubereitung:

Aus den Teigzutaten einen Mürbteig herstellen. Den Teig auf einer bemehlten Arbeitsfläche auswellen, in eine gefettete Kuchenform legen und Semmelbrösel darüberstreuen. Johannisbeeren mit Zucker und Zimt vermischen, durchziehen lassen. Danach die abgetropften Beeren auf den Kuchenboden geben. Für den Guss alle Zutaten verrühren, über den Johannisbeeren verteilen und im vorgeheizten Backofen bei 175 Grad ca. 60 Minuten backen. Nach dem Auskühlen mit Puderzucker bestäuben.

BLAUER BEERENKUCHEN

Zutaten:

Teig:

200 g Mehl

$1/2$ Teelöffel Backpulver

80 g Zucker

1 Päckchen Vanillezucker

1 Ei

100 g Butter

1 Esslöffel Crème fraîche

Belag:

750 g Quark

125 g Zucker

1 Päckchen Vanillezucker

3 Eier

2 Eigelb

50 g Speisestärke

50 g zerlassene Butter

1 Glas Heidelbeeren

Baiser:

2 Eiweiß

100 g Zucker

Zubereitung:

Aus den Teigzutaten einen Mürbteig herstellen. Den Teig auf einer bemehlten Arbeitsfläche auswellen und in eine gefettete Springform legen. Alle Belags-Zutaten verrühren, zum Schluss die abgetropften Heidelbeeren untermischen. Im vorgeheizten Backofen bei 180 Grad ca. 45 Minuten backen. In der Zwischenzeit das Eiweiß steif schlagen, löffelweise Zucker zufügen, gut mitrühren. Dieses auf den Kuchen streichen und weitere 20 Minuten backen.

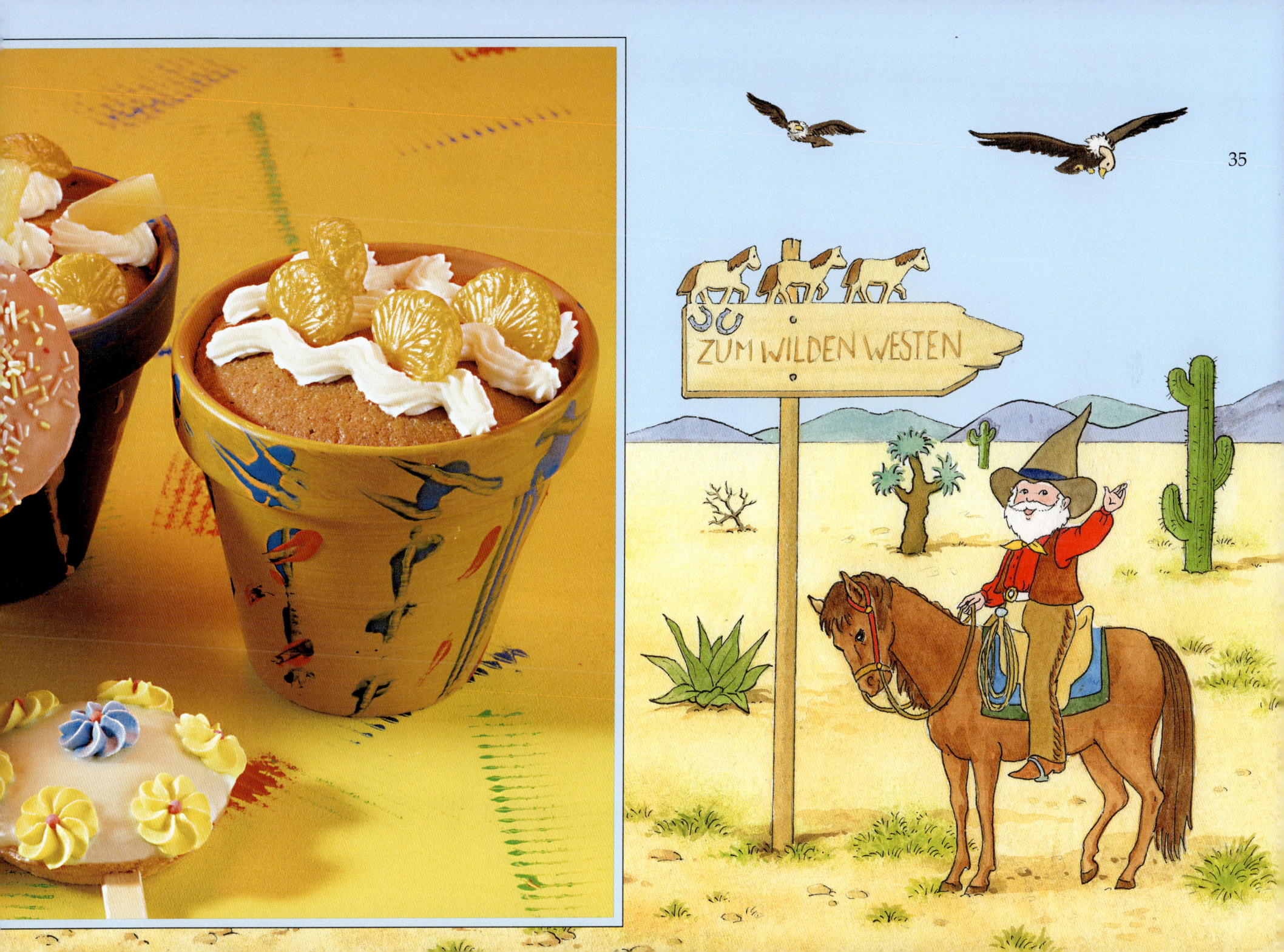

ZWERGEN-KÜCHLEIN

Zutaten:

500 g Mehl

1 Würfel Hefe

80 g Zucker

1 Päckchen Vanillezucker

2 Eier

$^1/_4$ l lauwarme Milch

80 g Butter

Fett zum Ausbacken

etwas Zucker und Zimt

Zubereitung:

Aus den Teigzutaten einen Hefeteig zubereiten. Für jedes Küchlein mit einem Esslöffel etwas Teig abstechen und rund formen. Alle auf eine bemehlte Arbeitsfläche setzen, ca. 20 Minuten gehen lassen.

Danach die Küchlein so auseinanderziehen, dass diese in der Mitte ganz dünn, außen herum dicker sind. Anschließend in heißem Fett schwimmend goldbraun ausbacken, der innere Teil bleibt hellgelb.

Zum Schluss Zucker und Zimt vermischen, über die Zwergen-Küchlein streuen.

AMERIKANISCHE KÜCHLEIN

Zutaten:
130 g Butter
75 g Zucker
1 Päckchen Vanillezucker
2 Eier
500 g Mehl
1 Päckchen Backpulver
etwas Milch

Fett zum Ausbacken
etwas Zucker und Zimt

Zubereitung:
Butter schaumig schlagen. Nach und nach Zucker, Vanillezucker, Eier, Mehl mit Backpulver vermischt einrühren. So viel kalte Milch dazugeben, dass der Teig nicht zu fest wird.

Diesen $1/2$ cm dick auswellen, Vierecke schneiden, in heißem Fett schwimmend ausbacken.

Die Küchlein in Zucker- Zimtgemisch wälzen.

WESTERN-KÜCHLEIN

Zutaten:

Teig:

375 g Mehl

1 Würfel Hefe

120 g Zucker

1 Päckchen Vanillezucker

50 g Butter

200 ml lauwarme Milch

Belag:

2 Päckchen Vanille-
Puddingpulver

900 ml Milch

4 Esslöffel Zucker

1 kleines Glas Apfelmus

60 g Mehl

50 g Butter

50 g Zucker

1 Päckchen Vanillezucker

Zubereitung:

Aus den Teigzutaten einen Hefeteig herstellen.

Einen Pudding nach Packungsanweisung aus Milch, Zucker,
Puddingpulver kochen, abkühlen
lassen. Den Teig auf einer bemehlten Arbeitsfläche ca. $1/2$ cm dick
auswellen, Küchlein von etwa
8 cm Ø ausstechen und auf ein
mit Back-Trennpapier ausgelegtes Backblech setzen. Auf jedes
Küchlein Pudding streichen, darauf etwas Apfelmus und die aus
Mehl, Butter, Zucker, Vanillezucker zubereiteten Streusel geben.
In den kalten Backofen schieben, bei 200 Grad ca. 25 Minuten backen.

COWBOY-KÜCHLEIN

Zutaten:

500 g Äpfel

1 Esslöffel Zucker

1 Teelöffel Zimt

150 g Mehl

50 g Speisestärke

$^1/_2$ Päckchen Backpulver

2 Teelöffel Zimt

Teig:

125 g Butter

100 g Zucker

2 Eier

Zubereitung:

Die geschälten, vom Kernhaus befreiten, fein geschnittenen Äpfel mit Zucker und Zimt vermischen. Aus den Teigzutaten einen Rührteig herstellen, zum Schluss die Äpfel untermischen. Auf ein mit Back-Trennpapier ausgelegtes Backblech kleine Teighäufchen setzen (genügend Abstand halten, da sie auseinanderlaufen). Im vorgeheizten Backofen bei 180 Grad ca. 25 Minuten backen. Über die ausgekühlten Küchlein Puderzucker stäuben.

FLECKCHEN

Zutaten:

250 g Butter

250 g Zucker

6 Eier

100 g Mehl

1 Teelöffel Backpulver

250 g gemahlene Haselnüsse

250 g geriebene Schokolade

1 Esslöffel Milch

100 g dunkle Kuvertüre

50 g weiße Kuvertüre

Zubereitung:

Aus den Zutaten einen Rührteig herstellen. Den Teig auf ein mit Back-Trennpapier ausgelegtes Backblech streichen. Im vorgeheizten Backofen bei 180 Grad ca. 20 Minuten backen.

Anschließend mit der zuvor im Wasserbad geschmolzenen dunklen Kuvertüre überziehen. Die weiße geschmolzene Kuvertüre als Flecken daraufgeben.

ZITRONEN-KUCHEN

Zutaten:

Teig:

350 g Butter

350 g Zucker

6 Eier

200 g Mehl

150 g Speisestärke

1 Päckchen Backpulver

Saft einer Zitrone

Guss:

150 g Butter

4 Eier

100 g Zucker

Saft einer Zitrone

100 g gemahlene Mandeln

Zubereitung:

Aus den Teigzutaten einen Rühr-teig herstellen. Diesen auf ein mit Back-Trennpapier ausgeleg-tes Backblech streichen. Für den Guss Eier, Zucker, Zitronensaft schaumig schlagen. Nach und nach die zerlassene, abgekühlte Butter sowie Mandeln einrühren.

Den Guss über den Teig geben. Im vorgeheizten Backofen bei 180 Grad ca. 30 Minuten backen. Den ausgekühlten Kuchen mit Puderzucker bestäuben. Ein besonderes Highlight zum Verzieren des Kuchens ist das Zwergenbild. Den QR-Code zum Downloaden finden Sie auf Seite 57.

44

WESTERN-LOLLY'S

Zutaten:

125 g Butter

150 g Zucker

1 Päckchen Vanillezucker

3 Eier

250 g Mehl

50 g Speisestärke

$1/2$ Päckchen Backpulver

1 Päckchen Vanille-

Puddingpulver

70 ml Milch

Backblech mit 12 flachen

Vertiefungen

Holzstäbchen

Zubereitung:

Butter schaumig schlagen. Abwechselnd Zucker, Vanillezucker, Eier dazugeben, gut mitrühren. Mehl, Backpulver, Speisestärke, Puddingpulver vermischen, löffelweise mit der Milch einrühren. Den Teig in die gefetteten Backblech-Vertiefungen füllen (gibt ca. 30 Stück). Im vorgeheizten Backofen bei 175 Grad ca. 20 Minuten backen. Auf einem Kuchengitter auskühlen lassen, die Holzstäbchen ein Stück in die Küchlein schieben. Entweder Puderzucker darüberstäuben oder hübsch dekorieren, z. B. mit geschmolzener Kuvertüre, Sahneverzierungen, Zuckerperlen.

SALOON-KUCHEN

Zutaten:

150 g Butter

150 g Zucker

1 Päckchen Vanillezucker

4 Eier

100 g gemahlene Haselnüsse

100 g Semmelbrösel

50 g Speisestärke

$^1/_2$ Teelöffel Backpulver

1 Esslöffel Milch

100 g Schokolade

einige Tonblumentöpfe
Teigmenge reicht z. B.
für 4 Töpfe mit 10 cm Ø

Zubereitung:

Die Blumentöpfe vor Gebrauch einige Stunden in kaltes Wasser legen, danach abtrocknen, gut einfetten. Wegen des Blumentopfloches aus Back-Trennpapier jeweils entsprechend große Kreise schneiden und als Boden einlegen.

Für die Teigzubereitung Butter schaumig schlagen. Abwechselnd Zucker, Vanillezucker, Eier dazugeben, gut mitrühren. Nacheinander Haselnüsse, Semmelbrösel, mit Backpulver vermischte Speisestärke und Milch einrühren. Zum Schluss die im Wasserbad geschmolzene, leicht abgekühlte Schokolade untermischen.

Den Teig in gefettete Tontöpfe füllen. Im vorgeheizten Backofen bei 175 Grad ca. 1 Stunde backen. Anschließend die Kuchen nach etwa 15 Minuten aus den Töpfen nehmen und auf einem Kuchengitter auskühlen lassen. Nun entweder Puderzucker über die Topfkuchen stäuben oder hübsch dekorieren, z. B. mit geschmolzener Kuvertüre, Puderzuckerglasur (Puderzucker mit etwas Wasser verrühren), Sahneverzierungen, kleinen Früchten, bunten Zuckerperlen.

GEFÜLLTE HACKFLEISCH-BRÖTCHEN

Zutaten:

60 g durchwachsener Speck
1 Zwiebel
$1/2$ Bund Petersilie
3 Esslöffel Öl
6 Brötchen
350 g gemischtes Hackfleisch
etwas Salz, Pfeffer, Paprika
3 Tomaten
100 g Gouda

Zubereitung:

Kleingewürfelter Speck sowie feingehackte Zwiebel und Petersilie in heißem Öl andünsten. Alle Brötchen halbieren, etwas aushöhlen, die Brötchenmasse zerkleinert mit dem Hackfleisch zum Speck geben, gut vermischen, würzen und anbraten. Zum Schluss Tomaten, ebenso Käse in kleine Würfel schneiden, untermengen. Die Brötchen damit füllen. Im vorgeheizten Backofen bei 180 Grad ca. 20 Minuten backen.

PIZZA NACH ZWERGENART

Zutaten:

1 Fladenbrot

2 Becher Schmand

etwas Knoblauchsalz

100 g Salami

100 g gekochter Schinken

2 Paprikaschoten

4 Tomaten

200 g Champignons

1 Zwiebel

etwas Kräutersalz

200 g geriebener Hartkäse

Zubereitung:

Das Fladenbrot quer durchschneiden. Schmand auf beide Brothälften streichen, gut würzen. Danach mit Salami, Schinken-, Paprikastreifen, Tomaten-, Champignonscheiben, Zwiebelringen belegen, würzen, den Hartkäse darüber verteilen. Im vorgeheizten Backofen bei 200 Grad ca. 20 Minuten backen.

KÜRBISKUCHEN

Zutaten:

Teig:

250 g Mehl

20 g Hefe

$1/2$ Teelöffel Zucker

$1/8$ l lauwarme Milch

$1/4$ Teelöffel Salz

50 g Butter

Belag:

1 kleiner Kürbis

$1/4$ l Gemüsebrühe

3 Tomaten

Guss:

250 g Crème fraîche

2 Eier

1 Teelöffel Kräutersalz

etwas Pfeffer

150 g geriebener Hartkäse

Zubereitung:

Aus den Teigzutaten einen Hefeteig herstellen.

Den Kürbis schälen, in Stücke schneiden, die Kerne entfernen. Gemüsebrühe zum Kochen bringen, Kürbisstücke dazugeben und kurz dünsten. Den Hefeteig auf einer bemehlten Arbeitsfläche auswellen. Diesen in eine gefettete Kuchenform legen, dabei einen kleinen Rand hochziehen. Die gut abgetropften Kürbisstücke sowie die gehäuteten Tomaten in Scheiben schneiden, abwechselnd auf den Teigboden schichten. Für den Guss Crème fraîche, Eier, Kräutersalz, Pfeffer verquirlen, danach gleichmäßig auf dem Kuchen verteilen, mit Käse bestreuen. Im vorgeheizten Backofen bei 200 Grad ca. 30 Minuten backen.

ZWIEBELKUCHEN

Zutaten:

Teig:

300 g Mehl

$^1/_2$ Würfel Hefe

$^1/_2$ Teelöffel Zucker

$^1/_8$ l lauwarme Milch

$^1/_2$ Teelöffel Salz

50 g Butter

Belag:

1 kg Zwiebeln

50 g Butter

3 Eier

1 Becher saure Sahne

3 Esslöffel Mehl

$^1/_2$ Teelöffel Salz

1 Esslöffel Kümmel

Zubereitung:

Aus den Teigzutaten einen Hefeteig herstellen. Für den Belag die geschälten, feingeschnittenen Zwiebeln in Butter dünsten. Eier, Sahne, Mehl, Salz und Kümmel verquirlen. Die etwas abgekühlten Zwiebeln unterrühren. Den Teig auf einer bemehlten Arbeitsfläche auswellen. Eine gefettete Kuchenform damit auslegen, den Belag daraufgeben, glattstreichen. Butterflöckchen auf dem Kuchen verteilen. Im vorgeheizten Backofen bei 200 Grad ca. 45 Minuten backen. Warm serviert schmeckt der Zwiebelkuchen am besten.

54

KÄSEKNUSPERCHEN

Zutaten:

Teig:

150 g Mehl

1 Ei

2 Esslöffel Wasser

etwas Salz

$^1/_2$ Teelöffel Paprika

80 g Butter

200 g geriebener Hartkäse

Füllung:

100 g rohen oder
gekochten Schinken

Zubereitung:

Aus den Teigzutaten einen Mürbteig herstellen. Daraus Rollen
von ca. 4 cm Ø formen. Diese in
etwa 1 cm dicke Scheiben schneiden. Den Schinken klein würfeln.
Auf jede Scheibe etwas Schinken geben, den Teig darüberzie-
hen und zu einer Kugel formen.
Ein Backblech mit Back-Trennpapier auslegen, die Käseknus-
perchen daraufsetzen. Im vorgeheizten Backofen bei 220 Grad
ca. 20 Minuten backen.

Zutaten:

Teig:

250 g Mehl

$^1/_2$ Würfel Hefe

$^1/_2$ Teelöffel Zucker

$^1/_8$ l lauwarme Milch

$^1/_2$ Teelöffel Salz

30 g Butter

Belag:

1 Becher süße Sahne

2 Eier

30 g Mehl

300 g geriebener Hartkäse

250 g Champignons

1 rote und

1 grüne Paprikaschote

etwas Salz und Pfeffer

Zubereitung:

Alle Teigzutaten zu einem Hefeteig verarbeiten. Für den Belag Sahne, Eier und Mehl verquirlen, unter Rühren erhitzen. Käse zufügen, schmelzen lassen (nicht kochen). Blättrig geschnittene Champignons, kleingewürfelter Paprika untermischen und mit den Gewürzen abschmecken. Den ausgewellten Teig in eine gefettete Kuchenform geben, die Käsemasse gleichmäßig darauf verteilen. Im vorgeheizten Backofen bei 200 Grad ca. 30 Minuten backen.

ALLE TORTENAUFLEGER

Liebe Zwergenstübchen-Freunde,

auf dieser Seite finden Sie alle Tortenaufleger dieses Buches.
Für die schönen Konditor-Bilder zum Verzieren Ihrer Backwerke
müssen Sie nur den jeweiligen Tortenaufleger downloaden und
Ihrem Konditor senden, damit er ihn anfertigen kann.

Die Tortenaufleger bitte erst kurz vor dem Servieren anbringen,
damit sie nicht feucht werden.

Viel Freude mit den Tortenauflegern,
Ihre Zwergenschar

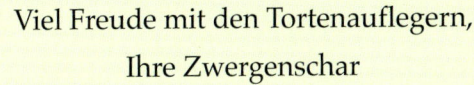

www.kaufmann-verlag.de/de-kaufmann/zwergenstuebchen-download.php

Angefangen hat alles im Zwergen-Cafe in ihrem Dorf,
dass die Zwergenschar auf den Mehlspeisen-Geschmack gekommen ist.
Der Zwergen-Ober hat ihnen den süßen Erdbeer-Traum aufgetischt,
wenig später kam der Pfannkuchen-Bäcker Cooky dazu mit seinen
leckeren Pfannkuchen-Variationen. Inspiriert von all den feinen Köstlichkeiten
haben sich die Zwerge entschieden, in das Land der Mehlspeisen zu reisen.
Das war eine herrliche Zeit und voll Freude hat die Zwergenschar die guten Rezepte
für die treuen Zwergenstübchen-Freunde niedergeschrieben. Mit im Gepäck
waren natürlich die berühmten Windbeutel-Rezepte des Windbeutel-Zwerges,
auch der feine Apfelstrudel sowie die Salzburger Nockerln durften nicht fehlen.
Die Zwerge wünschen Ihnen eine gut schmeckende Reise durch die Mehlspeisen-Küche.
Und nun? Servieren Sie Ihren Lieben ganz nach Zwergenart:

Süßes à la carte

Ihr Zwergenstübchen
Elke und Timo Schuster

KRINGEL UND BLÜMCHEN À LA CARTE

Zutaten:

300 g Mehl

$1/2$ Teelöffel Backpulver

50 g Zucker

1 Päckchen Vanillezucker

2 Eier

3 Esslöffel Schmand

75 g Butter

Fett zum Ausbacken

etwas Zucker und Zimt

Zubereitung:

Die Zutaten zu einem Mürbteig verarbeiten, kaltstellen. Danach den Teig auf einer bemehlten Arbeitsfläche ca. $1/2$ cm dick auswellen, mit Förmchen Kringel und Blümchen ausstechen. Diese in heißem Fett schwimmend goldbraun ausbacken. Anschließend in Zucker-Zimtgemisch wälzen. Die Zwerge servieren zu Kringel und Blümchen à la carte gerne Apfelmus oder Kompott.

Zutaten:

3 Bananen

2 Esslöffel Zucker

180 g Mehl

1 Päckchen Vanillezucker

3 Eigelb

knapp 200 ml Milch

3 Eiweiß

Fett zum Ausbacken

etwas Zucker

Zubereitung:

Bananen in Scheiben schneiden, Zucker darüberstreuen und vorsichtig umrühren. Mehl, Vanillezucker, Eigelb und Milch verrühren, das steif geschlagene Eiweiß unterziehen. Jeweils eine Bananenscheibe mit etwa einem Esslöffel Teig umhüllen, in das heiße Fett geben und schwimmend goldbraun ausbacken. Zum Schluss die Minis in Zucker wälzen. Die Bananen-Minis sind ein Geheimtipp der Zwerge – sie schmecken einfach köstlich!

SÜSSES VOM BLECH

Zutaten:

120 g Butter

1 Päckchen Vanillezucker

6 Eigelb

250 g Mehl

200 ml Milch

6 Eiweiß

150 g Zucker

Zubereitung:

Butter, Vanillezucker schaumig schlagen. Nach und nach die Eigelbe einrühren. Anschließend Mehl und Milch dazugeben, alles zu einem leicht flüssigen Teig verrühren.

Eiweiß mit Zucker steif schlagen, unter den Teig ziehen. Diesen auf ein gefettetes Backblech gießen und im vorgeheizten Backofen bei 180 Grad ca. 45 Minuten backen. Danach die Mehlspeise in kleine Stücke schneiden, Puderzucker darüberstäuben.

ERDBEERTRAUM

Zutaten:

500 g Erdbeeren

80 g Zucker

2 Eigelb

75 g Puderzucker

75 g gemahlene Mandeln

50 g Mehl

50 g Speisestärke

$1/2$ Becher Crème fraîche

2 Eiweiß

Zubereitung:

Erdbeeren einzuckern, durchziehen lassen. Eigelb schaumig schlagen, löffelweise Puderzucker dazugeben, gut rühren.

Anschließend die mit etwas Erdbeersaft vermischten Mandeln sowie Mehl, Speisestärke, Crème fraîche in die Eigelbmasse einrühren. Das steif geschlagene Eiweiß und die abgetropften Erdbeeren unterheben. Im vorgeheizten Backofen bei 200 Grad ca. 45 Minuten backen.

MOHNSCHNECKEN

Zutaten:

Teig:

400 g Mehl

1 Teelöffel Backpulver

150 g Zucker

2 Eier

6 Esslöffel Wasser

150 g Butter

Füllung:

125 g gemahlener Mohn

125 g Zucker

1 Päckchen Vanillezucker

1 1/2 Becher Schmand

2 Tassen Milch

Zubereitung:

Alle Teigzutaten zu einem glatten Teig kneten, kaltstellen. Für die Füllung Mohn, Zucker, Vanillezucker und Schmand verrühren. Den Teig auf einer bemehlten Arbeitsfläche rechteckig auswellen und die Mohnmasse gleichmäßig darauf verteilen. Den Teig von der Längsseite her aufrollen. Die Teigrolle in ca. 5 cm dicke Scheiben schneiden. Diese dicht nebeneinander in eine gefettete, feuerfeste Form setzen. Anschließend mit der Milch übergießen. Die Mohnschnecken im vorgeheizten Backofen bei 190 Grad ca. 1 Stunde backen.

APFEL-MANDEL-QUICHE

Zutaten:

Teig:

225 g Mehl

$1/2$ Teelöffel Backpulver

80 g Zucker

1 Päckchen Vanillezucker

1 Ei

2 Esslöffel Crème fraîche

100 g Butter

Belag:

1 kg mürbe Äpfel

3 Esslöffel Zucker

1 Teelöffel Zimt

100 g Rosinen

3 Eigelb

3 Esslöffel lauwarmes Wasser

150 g Puderzucker

1 Päckchen Vanillezucker

300 g gemahlene Mandeln

3 Eiweiß

Zubereitung:

Alle Teigzutaten zu einem Mürbteig verarbeiten, kaltstellen. Für den Belag Äpfel schälen, Kerngehäuse entfernen und in kleine Stücke schneiden. Unter diese Zucker, Zimt, Rosinen mischen, durchziehen lassen.

Anschließend den auf einer bemehlten Arbeitsfläche ausgewellten Teig in eine gefettete Quicheform legen (Teigboden mehrmals mit einer Gabel einstechen). Im vorgeheizten Backofen bei 200 Grad ca. 15 Minuten vorbacken.

Währenddessen Eigelb, Wasser, Puderzucker, Vanillezucker schaumig rühren, Mandeln und steif geschlagenes Eiweiß unterziehen. Auf den etwas ausgekühlten Kuchenboden die Äpfel geben, darüber die Mandelmasse gleichmäßig verteilen. Die Apfel-Mandel-Quiche bei 180 Grad in weiteren ca. 45 Minuten fertig backen. Sie kann warm oder kalt gegessen werden.

Pfannkuchen-Spezialitäten

NUSS-PFANNKUCHEN

Zutaten:

100 g Mehl
5 Eigelb
60 g Zucker
1 Päckchen Vanillezucker
$1/4$ l Milch
100 g gemahlene Haselnüsse
5 Eiweiß
Fett zum Ausbacken

Zubereitung:

Mehl, Eigelb, Zucker, Vanillezucker, Milch, Haselnüsse gut verrühren, das steif geschlagene Eiweiß unterziehen. In heißem Fett Pfannkuchen ausbacken. Vor dem Servieren mit Puderzucker bestäuben.

FEINE HEFE-PFANNKUCHEN

Zutaten:

30 g Hefe

80 g Zucker

1 Päckchen Vanillezucker

300 g Mehl

4 Eier

$1/2$ l Milch

Fett zum Ausbacken

Zubereitung:

Zerbröckelte Hefe, etwas Zucker mit ca. $1/8$ l Milch glatt rühren. Anschließend Zucker, Vanillezucker, Mehl, Eier und restliche Milch verrühren. Zum Schluss die Hefemilch gut untermischen. Den Teig zugedeckt 45 Minuten gehen lassen. Danach Pfannkuchen in heißem Fett ausbacken. Die feinen Hefe-Pfannkuchen mit Kompott oder Apfelmus servieren.

DAS MÄRCHEN VOM DICKEN, FETTEN PFANNKUCHEN

Es waren einmal drei alte Zwerglein, die wollten gerne Pfannkuchen essen.

Da brachte das erste Zwerglein ein Ei, das zweite Milch und das dritte Fett und Mehl.

Daraus rührten sie einen dicken Teig, den sie zum Backen in die Pfanne gaben.

Es wurde ein dicker, fetter Pfannkuchen daraus.

Als er fertig war, richtete er sich in der Pfanne auf und schwupp, sprang er heraus,

lief den drei alten Zwerglein davon und lief kantapper, kantapper in den Wald hinein.

Da begegnete ihm ein Häschen, das rief: „Dicker, fetter Pfannkuchen, bleib stehen, ich will dich fressen!"

Der Pfannkuchen antwortete: „Ich bin drei alten Zwerglein entlaufen und soll dir,

Häschen Wackelschwanz, nicht entlaufen?", und lief kantapper, kantapper weiter in den Wald hinein.

Da kam ein Wolf herangelaufen und rief: „Dicker, fetter Pfannkuchen, bleib stehen, ich will dich fressen!"

Der Pfannkuchen antwortete: „Ich bin drei alten Zwerglein entlaufen und Häschen Wackelschwanz und soll dir,

Wolf Dickschwanz, nicht entlaufen?", und lief kantapper, kantapper weiter in den Wald hinein.

Da kam ein Reh herangesprungen und rief:
„Dicker, fetter Pfannkuchen, bleib stehen, ich
will dich fressen!" Der Pfannkuchen antwortete:
„Ich bin drei alten Zwerglein entlaufen, Häschen Wackelschwanz,
Wolf Dickschwanz und soll dir, Reh Blinkschwanz, nicht entlaufen?",
und lief kantapper, kantapper weiter in den Wald hinein.
Da kam eine Kuh herbeigerannt und rief:
„Dicker, fetter Pfannkuchen, bleib stehen, ich
will dich fressen!" Der Pfannkuchen antwortete:
„Ich bin drei alten Zwerglein entlaufen, Häschen Wackelschwanz,
Wolf Dickschwanz, Reh Blinkschwanz und soll dir,
Kuh Schwippschwanz, nicht entlaufen?",
und lief kantapper, kantapper weiter in den Wald hinein.

Da kam ein Schwein dahergefegt und rief: „Dicker, fetter Pfannkuchen, bleib stehen,
ich will dich fressen!" Der Pfannkuchen antwortete: „Ich bin drei alten Zwerglein entlaufen,
Häschen Wackelschwanz, Wolf Dickschwanz, Reh Blinkschwanz, Kuh Schwippschwanz und soll dir,
Schwein Ringelschwanz, nicht entlaufen?", und lief kantapper, kantapper weiter in den Wald hinein.
Da kamen drei Zwergenkinder daher, die hatten keinen Vater und keine Mutter mehr und sprachen:
„Lieber Pfannkuchen, bleib stehen! Wir haben den ganzen Tag noch nichts gegessen!"
Als das der Pfannkuchen hörte, da rollte er nicht mehr weiter. Und, hops,
sprang er ihnen ins Körbchen. So bekamen die Zwergenkinder einen dicken,
fetten Pfannkuchen zu Haus und das Märchen ist aus.

BANANEN-PFANNKUCHEN

Zutaten:
2 Bananen
30 g Zucker
2 Eier
150 g Mehl
$1/2$ Teelöffel Backpulver
60 g gemahlene Mandeln
$1/4$ l Milch
Fett zum Ausbacken

Zubereitung:
Zuerst die Bananen pürieren. Anschließend Zucker, Eier dazugeben und schaumig schlagen. Danach das mit Backpulver vermischte Mehl sowie die Mandeln zufügen und mit der Milch zu einem glatten Teig verrühren. In heißem Fett dünne Pfannkuchen ausbacken. Vor dem Servieren Puderzucker darüberstäuben.

BRÖTCHEN-PFANNKUCHEN

Zutaten:

3 Brötchen vom Vortag

$^1/_4$ l Milch

4 Eier

2 Esslöffel Zucker

etwas Zimt

Fett zum Ausbacken

Zubereitung:

Die Brötchen in kleine, dünne Scheiben schneiden. Milch darübergießen, durchziehen lassen. Eier, Zucker und Zimt verquirlen, zu der Brötchenmasse geben, gut vermischen. In heißem Fett kleine Pfannkuchen ausbacken. Vor dem Servieren diese mit Puderzucker bestäuben oder Zucker und Zimt darüberstreuen.

- Pfannkuchen - deutsch
- pancake - englisch
- crêpe - französisch
- pannekake - norwegisch
- pönnukaka - isländisch
- subcinericius - lateinisch

PFANNKUCHEN MIT MANDELFÜLLUNG

Zutaten:

Teig:

180 g Butter

90 g Zucker

1 Päckchen Vanillezucker

9 Eigelb

180 g Mehl

90 ml süße Sahne

9 Eiweiß

Fett zum Ausbacken

Füllung:

75 g gemahlene Mandeln

130 ml Milch

50 g Zucker

1 Päckchen Vanillezucker

100 g Schokolade

Zubereitung:

Butter schaumig schlagen. Abwechselnd Zucker, Vanillezucker, Eigelb dazugeben, zu einer cremigen Masse rühren. Nach und nach das Mehl sowie die Sahne einrühren, anschließend steif geschlagenes Eiweiß unterziehen.

In heißem Fett dünne Pfannkuchen ausbacken, warm stellen. Für die Füllung die gemahlenen Mandeln in der Milch weich kochen, Zucker, Vanillezucker, zerbröckelte Schokolade zufügen, so lange rühren, bis die Schokolade geschmolzen ist. Alle Pfannkuchen mit der Füllung bestreichen und locker aufrollen.

PFANNKUCHEN MIT QUARKFÜLLUNG

Zutaten:

Teig:

250 g Mehl

4 Eier

50 g Zucker

1 Päckchen Vanillezucker

$^1/_2$ l Milch

Fett zum Ausbacken

Füllung:

200 g Lieblingsmarmelade

500 g Quark

100 g Zucker

1 Päckchen Vanillezucker

$^1/_2$ Becher süße Sahne

Zubereitung:

Die Teigzutaten zu einem glatten Teig verrühren. In heißem Fett dünne Pfannkuchen ausbacken, warm stellen. Für die Füllung Quark, Zucker, Vanillezucker und Sahne cremig rühren.

Alle Pfannkuchen zuerst mit Marmelade bestreichen, darauf etwas Quarkcreme geben. Anschließend die Pfannkuchen locker aufrollen und Puderzucker darüberstäuben.

KAKAO-PFANNKUCHEN

Zutaten:

Teig:

200 g Mehl

1 Messerspitze Backpulver

20 g Kakao

4 Eigelb

50 g Zucker

$1/2$ l Milch

4 Eiweiß

Fett zum Ausbacken

Pfirsichsoße:

1 Dose Pfirsiche

(Saft für die Soße aufheben)

1 Esslöffel Zucker

1 Teelöffel Speisestärke

Zubereitung:

Zuerst die Pfirsichsoße zubereiten. Zucker, Speisestärke mit Pfirsichsaft verrühren, zu den pürierten Pfirsichen geben, einmal aufkochen und kaltstellen. Anschließend alle Teigzutaten zu einem glatten Teig verrühren. Zum Schluss das steif geschlagene Eiweiß unterziehen. In heißem Fett Pfannkuchen ausbacken. Vor dem Servieren Puderzucker darüberstäuben und die Pfirsichsoße dazu reichen.

BUTTERMILCH-PFANNKUCHEN

Zutaten:

300 g Mehl

3 Eier

50 g Zucker

1 Päckchen Vanillezucker

700 ml Buttermilch

Fett zum Ausbacken

Zubereitung:

Mehl, Eier, Zucker, Vanillezucker, Buttermilch gut verrühren. Danach in heißem Fett dünne Pfannkuchen ausbacken. Diese mit Puderzucker bestäubt servieren.

APFEL-PFANNKUCHEN VOM BLECH

Zutaten:

100 g Mehl

2 Esslöffel Zucker

3 Eigelb

$1/4$ l Milch

250 g Äpfel

3 Eiweiß

4 Esslöffel Zucker

1 Esslöffel Zimt

Zubereitung:

Das Backblech in den Backofen schieben, diesen auf 225 Grad vorheizen. Mehl, Zucker, Eigelb, Milch zu einem glatten Teig verrühren. Äpfel schälen, Kerngehäuse entfernen und in feine Scheiben schneiden. Anschließend den Teig auf das heiße, gefettete Backblech gießen, darüber Apfelscheiben sowie löffelweise das mit 1 Esslöffel Zucker steif geschlagene Eiweiß verteilen. Nun restlichen Zucker und Zimt vermischen, über den Pfannkuchen streuen. Den Apfel-Pfannkuchen im Backofen ca. 12 Minuten backen, gleich servieren. Die Zwerge essen zu dem Apfel-Pfannkuchen am liebsten Vanilleeis.

Sahne-Pfannkuchen

Zutaten:

60 g Mehl, 4 Eigelb, 30 g Zucker,
1 Päckchen Vanillezucker, 1 Becher saure Sahne,
4 Eiweiß, Fett zum Ausbacken

Zubereitung:

Mehl, Eigelb, Zucker, Vanillezucker, saure Sahne gut verrühren,
das steif geschlagene Eiweiß unterziehen.
In heißem Fett kleine Pfannkuchen ausbacken,
mit Puderzucker bestäubt servieren.

PFANNKUCHEN NACH ZWERGENART

Zutaten:

250 g Mehl

8 Eigelb

100 g Zucker

1 Päckchen Vanillezucker

300 ml Milch

8 Eiweiß

120 g Butter

Zubereitung:

Mehl, Eigelb, Zucker, Vanille-zucker, Milch verrühren. Das steif geschlagene Eiweiß unter den Pfannkuchenteig ziehen. In einer großen Pfanne etwa 30 g Butter erhitzen, ca. $1/4$ der Teig-masse hineingeben. Den dicken Pfannkuchen beidseitig gold-braun backen, diesen anschlie-ßend mit zwei Bratenwendern in Stückchen zerkleinern, auf eine Platte geben und warm stellen.

Nun die anderen drei Teig-
portionen ebenso backen und
zerkleinern. Zum Schluss Puderzucker darüberstäuben. Die
Pfannkuchen nach Zwergenart
sind ein gutes Rezept aus der
einfachen, schnellen Küche. Sie
werden gerne mit Apfelmus
gegessen.

FEINE KEKSE

Zutaten:

250 g Butter

200 g Zucker

1 Päckchen Vanillezucker

4 Eier

250 g Mehl

50 g Speisestärke

$^1/_4$ Teelöffel Backpulver

Zubereitung:

Aus den Zutaten einen Rühr-teig herstellen. Diesen in einen Spritzbeutel mit großer, glatter Tülle füllen. Auf ein mit Back-Trennpapier ausgelegtes Back-blech kleine, runde Plätzchen spritzen (reichlich Abstand lassen, da sie auseinander-laufen).

Im vorgeheizten Backofen bei 230 Grad ca. 10 Minuten backen (bis die Ränder goldbraun sind). Nach dem Auskühlen können die feinen Kekse mit Kuvertüre überzogen oder hübsch verziert werden.

In einer gut schließenden Blech-dose aufbewahrt, eignen sie sich ebenso wie die Schoko-Kekse von Seite 87 als Dauergebäck.

SCHOKO-KEKSE

Zutaten:

170 g Butter

200 g Zucker

1 Päckchen Vanillezucker

1 Ei

250 g Mehl

1 Teelöffel Backpulver

2 Esslöffel Kakao

3 Esslöffel süße Sahne

Zubereitung:

Butter schaumig rühren. Löffelweise Zucker, Vanillezucker sowie das Ei dazugeben und mitrühren. Mehl, Backpulver und Kakao vermischen, zusammen mit der Sahne in die cremige Masse einrühren. Kleine Häufchen auf ein mit Back-Trennpapier ausgelegtes Backblech setzen (reichlich Abstand lassen, da diese etwas auseinanderlaufen). Im vorgeheizten Backofen bei 200 Grad ca. 10 Minuten backen. Nach dem Auskühlen mit geschmolzener Kuvertüre überziehen oder hübsch verzieren.

Zutaten:

400 g Mehl

50 g gemahlene Haselnüsse

$1/2$ Würfel Hefe

1 Esslöffel Zucker

150 ml lauwarmes Wasser

50 g Butter

Bagel-Ausstecherform

Zubereitung:

Nach dem Grundrezept die Teigzutaten zu einem Hefeteig verarbeiten. Danach den Teig auf einer bemehlten Arbeitsfläche ca. 2 cm dick auswellen und Bagels ausstechen (Teigmenge reicht für ca. 10 Bagels), zugedeckt 15 Minuten gehen lassen.

Nun jeden Bagel etwa 1 Minute in kochendes Wasser geben, anschließend mit dem Schaumlöffel herausnehmen. Die gekochten, gut abgetropften Bagels auf ein mit Back-Trennpapier ausgelegtes Backblech setzen.

Im vorgeheizten Backofen bei 200 Grad ca. 20 Minuten backen. Im Zwergenstübchen schneiden die Zwerge die gebackenen Bagels auf, bestreichen diese mit Butter und ihrer Lieblingsmarmelade.

GROSSE BÄLLCHEN

Zutaten:

150 g Quark

5 Esslöffel Milch

5 Esslöffel Öl

100 g Zucker

1 Päckchen Vanillezucker

300 g Mehl

1 Päckchen Backpulver

ca. 200 g Marmelade

etwas Milch

Fett zum Ausbacken

Zubereitung:

Quark, Milch, Öl, Zucker, Vanillezucker gut verrühren. Anschließend das mit Backpulver vermischte Mehl einarbeiten. Den Teig auf einer bemehlten Arbeitsfläche etwa $1/2$ cm dick auswellen und Kreise von ca. 8 cm Ø ausstechen.

Auf die Hälfte der Kreise in die Mitte etwas Marmelade geben. Jeden Kreisrand mit Milch bestreichen, jeweils einen Kreis darauflegen und die Ränder rundherum gut andrücken. Die Bällchen in heißem Fett ausbacken, danach Puderzucker darüberstäuben.

KLEINE BÄLLCHEN

Zutaten:

300 g Schichtkäse

150 g Zucker

1 Päckchen Vanillezucker

2 Eier

200 g Mehl

$1/2$ Teelöffel Backpulver

etwas Zwiebackbrösel

Fett zum Ausbacken

Zubereitung:

Schichtkäse, Zucker, Vanillezucker, Eier cremig schlagen.
Das mit Backpulver vermischte
Mehl dazugeben, gut verrühren.
Den Teig 1 Stunde kaltstellen.
Anschließend kleine Bällchen
formen (mit Hilfe von 2 Tee-
löffeln), in Zwiebackbrösel wälzen
und in heißem Fett ausbacken. Zu
den Bällchen Kompott servieren.

PFIRSICH-KÜCHLEIN

Zutaten:

125 g Butter

100 g Zucker

1 Päckchen Vanillezucker

2 Eier

250 g Mehl

$1/2$ Päckchen Backpulver

2 Esslöffel Crème fraîche

1 Dose Pfirsiche

Zubereitung:
Butter schaumig schlagen. Abwechselnd Zucker, Vanillezucker und Eier dazugeben, gut mitrühren.

Danach das mit Backpulver vermischte Mehl sowie Crème fraîche einrühren. Zum Schluss die abgetropften, kleingeschnittenen Pfirsiche untermischen.

Nun jeweils einen gehäuften Esslöffel Teig auf ein mit Back-Trennpapier ausgelegtes Backblech geben (nicht zu dicht setzen, da die Küchlein auseinanderlaufen).

Im vorgeheizten Backofen bei 200 Grad ca. 25 Minuten backen. Nach dem Auskühlen Puderzucker über die Pfirsich-Küchlein stäuben.

KLEINE KÜCHLEIN

Zutaten:

2 Eier

150 g Zucker

1 Päckchen Vanillezucker

125 g Butter

100 g Mehl

50 g Speisestärke

1 Messerspitze Backpulver

Zubereitung:

Eier, Zucker, Vanillezucker schaumig schlagen. Nach und nach die Butterstückchen einrühren. Anschließend das Mehl mit Speisestärke sowie Backpulver vermischt löffelweise untermengen. Den Teig in gefettete, mit Semmelbrösel ausgestreute Gebäckförmchen füllen. Im vorgeheizten Backofen bei 200 Grad ca. 15 Minuten backen.

Nach dem Auskühlen können die kleinen Küchlein mit Puderzucker bestäubt oder geschmolzener Kuvertüre verziert werden. In einer gut schließenden Blechdose aufbewahrt, eignen sie sich als Dauergebäck bestens.

HERZIGE WAFFELN

Zutaten:

200 g Butter

100 g Zucker

1 Päckchen Vanillezucker

5 Eier

250 g Mehl

2 Teelöffel Backpulver

$1/4$ l Milch

Ferien
auf dem
Bauernhof

Zubereitung:

Aus den Zutaten einen Rührteig herstellen. In das vorgeheizte, leicht eingefettete Waffeleisen einen kleinen Schöpflöffel Teig geben, goldgelb backen. Mit einer Gabel die Waffel heraus nehmen, auf einem Kuchengitter auskühlen lassen.

Nacheinander die Waffeln backen. Vor dem Servieren Puderzucker darüberstäuben. Zu den Waffeln schmeckt besonders gut Vanillesoße, Kompott, Schlagsahne, Eis oder heiße Schokolade.

Feines Waffel-Allerlei

Aus den „Herzigen Waffeln" von Seite 96/97
lassen sich durch kleine Zutaten-Veränderungen
verschiedene feine Waffeln zubereiten.

Apfel-Waffeln

Hierzu mischt man in den Rührteig
zusätzlich zwei geschälte,
vom Kernhaus befreite, geraspelte Äpfel.

Kokos-Waffeln

Für dieses Rezept werden 100 g Kokosraspel hinzugefügt, dafür entsprechend 100 g weniger Mehl.

Mandel-Waffeln

100 g Mehl durch 100 g abgezogene, gemahlene Mandeln ersetzen.

Zimt-Waffeln

Ein Teelöffel Zimt dem Waffelteig zufügen. Nach dem Backen mit Zimt und Puderzucker bestäuben.

SAHNE-WAFFELN

Zutaten:

200 g Mehl

15 g Hefe

etwas Wasser

80 g Zucker

1 Päckchen Vanillezucker

2 Eier

75 g Butter

$1/2$ Becher saure Sahne

Zubereitung:

Aus den Zutaten einen leicht flüssigen Hefeteig herstellen. Diesen mit einem Tuch abdecken, bei Zimmertemperatur etwa 45 Minuten gehen lassen. Danach in das vorgeheizte, leicht eingefettete Waffeleisen einen kleinen Schöpflöffel Teig geben und goldbraun backen. Mit einer Gabel die Waffel herausnehmen, auf einem Kuchengitter auskühlen lassen. Nacheinander alle Waffeln backen und Puderzucker darüberstäuben. Zu den Waffeln wird gerne Vanillesoße, Kompott oder Eis gereicht.

QUARK-QUICHE

Zutaten:

Teig:

25 g Hefe

30 g Zucker

50 ml Milch

250 g Mehl

2 Eigelb

120 g Butter

Belag:

50 g Butter

80 g Zucker

1 Päckchen Vanillezucker

1 Ei

250 g Quark

Zubereitung:

Hefe, Zucker, Milch verrühren. Anschließend Mehl, Eigelb, Butter sowie die Hefemilch auf einer Arbeitsfläche zu einem glatten Teig kneten. Danach auswellen und in eine gefettete Quicheform geben.

Für den Belag Butter, Zucker, Vanillezucker, Ei schaumig schlagen, den Quark einrühren und die Masse gleichmäßig auf dem Teigboden verteilen. Im vorgeheizten Backofen bei 180 Grad ca. 40 Minuten backen. Die Quiche noch 10 Minuten im ausgeschalteten Backofen stehen lassen.

HEIDELBEER-MEHLSPEISE

Zutaten:

2 Gläser Heidelbeeren

100 g Mehl

1 Messerspitze Backpulver

75 g Zucker

1 Päckchen Vanillezucker

5 Eigelb

300 ml Milch

5 Eiweiß

Zubereitung:

Die gut abgetropften Heidelbeeren in eine gefettete Quicheform geben. Das mit Backpulver vermischte Mehl sowie Zucker, Vanillezucker, Eigelb und Milch zu einem glatten Teig verrühren, steif geschlagenes Eiweiß unterziehen. Den Teig gleichmäßig über den Heidelbeeren verteilen. Im vorgeheizten Backofen bei 200 Grad ca. 40 Minuten backen. Zur Heidelbeerzeit kann diese Mehlspeise auch mit frischen Heidelbeeren zubereitet werden. Hierfür 500 g Heidelbeeren und 50 g Zucker vermischen, durchziehen lassen.

ZWERGEN-SCHNECKENNUDELN

Zutaten:

Teig:

500 g Mehl

1 Würfel Hefe

100 g Zucker

2 Eier

200 ml lauwarme Milch

100 g Butter

Füllung:

60 g gemahlene Haselnüsse

80 g Zucker

1 Teelöffel Zimt

1/2 Becher süße Sahne

80 g Rosinen

etwas Butter

2 Tassen lauwarme Milch

Zubereitung:

Aus den Teigzutaten einen Hefeteig herstellen. Für die Füllung Haselnüsse, Zucker, Zimt, Sahne, Rosinen verrühren. Nun den Teig auf einer bemehlten Arbeitsfläche 1 cm dick rechteckig auswellen.

Die Teigplatte mit etwas zerlassener Butter bestreichen, danach die Füllung gleichmäßig auftragen. Den Teig von der Längsseite her aufrollen. Die Teigrolle in ca. 5 cm dicke Scheiben schneiden. Alle Schneckennudeln in eine gefettete Auflaufform setzen und mit Milch übergießen. Im vorgeheizten Backofen bei 210 Grad etwa 1 Stunde backen. Zu den Schneckennudeln Vanillesoße reichen.

QUARK-KÜCHLEIN

Zutaten:

50 g Butter

100 g Zucker

1 Päckchen Vanillezucker

2 Eier

500 g Quark

150 g Mehl

Fett zum Ausbacken

Zubereitung:

Butter schaumig schlagen. Zucker, Vanillezucker, Eier dazugeben, gut mitrühren. Danach Quark und Mehl unterrühren. Nun in das heiße Fett kleine Teighäufchen setzen, diese zu Küchlein flach drücken und goldbraun ausbacken.

WINDBEUTEL MIT SAHNE

Zutaten:
1/4 l Wasser
50 g Butter
1 Prise Salz
150 g Mehl
5 Eier
1/2 Teelöffel Backpulver

Füllung:
2 Becher süße Sahne
2 Päckchen Vanillezucker
2 Päckchen Sahnesteif

Zubereitung:
Wasser, Butter, Salz in einen Topf geben und aufkochen. Das Mehl auf einmal dazuschütten, bei kleinster Hitze so lange rühren, bis sich der Teig als Kloß vom Topfboden löst. Den Teig in eine Schüssel geben, ein Ei nach dem anderen einarbeiten. Mit dem letzten Ei das Backpulver unterrühren.

Den Teig in einen Spritzbeutel mit Sterntülle füllen, etwas größere Rosetten auf das mit Back-Trennpapier ausgelegte Backblech spritzen. Für Mini-Windbeutel kleine Rosetten aufspritzen. Im vorgeheizten Backofen bei 200 Grad ca. 30 Minuten backen. Die Windbeutel auf einem Kuchengitter leicht abkühlen lassen, anschließend in der Mitte waagerecht durchschneiden. Für die Füllung Sahne, Vanillezucker, Sahnesteif schlagen. Diese in einen Spritzbeutel mit Sterntülle füllen und auf jeden Windbeutelboden üppig aufspritzen, den dazugehörenden Windbeuteldeckel daraufsetzen. Zum Schluss über alle Windbeutel Puderzucker stäuben.

mit Schokolade

Zutaten:
Siehe Rezept Seite 106
Füllung:
2 Becher süße Sahne
2 Päckchen Vanillezucker
2 Päckchen Sahnesteif
100 g geriebene Schokolade

Zubereitung:
Die Windbeutel ebenso wie im Rezept Seite 106 zubereiten. Für die Füllung Sahne, Vanillezucker, Sahnesteif schlagen, Schokolade untermischen. Die Schoko-Sahne in einen Spritzbeutel mit Sterntülle füllen und auf jeden Windbeutelboden üppig aufspritzen, mit dem dazugehörenden Windbeuteldeckel abdecken und Puderzucker darüberstäuben.

mit Obst

Zutaten:
Siehe Rezept Seite 106
Füllung:
2 Becher süße Sahne
2 Päckchen Vanillezucker
2 Päckchen Sahnesteif
Obst nach Belieben

Zubereitung:
Die Windbeutel ebenso wie im Rezept Seite 106 zubereiten. Für die Füllung Sahne, Vanillezucker, Sahnesteif schlagen. Diese in einen Spritzbeutel mit Sterntülle füllen und auf jeden Windbeutelboden üppig aufspritzen. Über die Sahne das Obst geben, mit dem dazugehörenden Windbeuteldeckel abdecken und Puderzucker darüberstäuben.

APFELTASCHEN

Zutaten:

150 g Quark

6 Esslöffel Milch

6 Esslöffel Öl

100 g Zucker

1 Päckchen Vanillezucker

300 g Mehl

1 Päckchen Backpulver

2 Esslöffel gemahlene
Mandeln

1 Esslöffel Zucker

etwas Butter

250 g Apfelmus

Zubereitung:

Quark, Milch, Öl, Zucker, Vanillezucker verrühren, das mit Backpulver vermischte Mehl einarbeiten und zu einem glatten Teig kneten, kaltstellen. Für die Füllung Mandeln mit Zucker in heißer Butter leicht rösten.

Nach dem Abkühlen unter das Apfelmus mischen. Den Teig auf einer bemehlten Arbeitsfläche dünn auswellen. Mit einem Tortelett-förmchen Kreise ausstechen. Auf diese jeweils in die Mitte der unteren Hälfte etwas Füllung geben. Jeden Kreisrand mit Milch bestreichen, anschließend zum Halbkreis zusammenklappen, die Ränder gut andrücken. Im vorgeheizten Backofen bei 200 Grad ca. 15 Minuten backen. Danach entweder Puderzuckerglasur auftragen (Puderzucker und wenig Wasser verrühren) oder nach dem Auskühlen Puderzucker darüberstäuben.

MARMELADEN-OMELETTES

Zutaten:
6 Eigelb
1 Esslöffel Puderzucker
1 Päckchen Vanillezucker
2 Esslöffel Speisestärke
1 Messerspitze Backpulver
100 ml lauwarme Milch
6 Eiweiß
1 Esslöffel Puderzucker
etwas Marmelade

Zubereitung:
Eigelb, Zucker, Vanillezucker schaumig schlagen. Speisestärke und Backpulver vermischen, zusammen mit der Milch einrühren. Danach das mit Zucker steif geschlagene Eiweiß unterziehen. Etwas Fett in einer Pfanne bei niedriger Temperatur zergehen lassen, einen Teil der Schaummasse einfüllen (Teigmenge reicht für vier Omelettes).

BERGSEE-CAFÉ

Auf die Pfanne einen vorge-
wärmten Deckel geben und das
Omelette ca. 10 Minuten hell-
braun backen, anschließend
aus der Pfanne auf einen Teller
gleiten lassen. Die Oberseite
des Omelettes mit Marmelade
bestreichen, eine Hälfte über die
andere schlagen und Puderzucker
darüberstäuben.

APFELSTRUDEL

Zutaten:

350 g Mehl

1 Ei

etwas Salz

$1/8$ l lauwarmes Wasser

40 g Butter

1 kg Äpfel

80 g grob gemahlene Mandeln

125 g Zucker

$1/2$ Teelöffel Zimt

80 g Rosinen

Zubereitung:

Mehl, Ei, Salz, Wasser, zerlassene Butter zu einem weichen Teig verarbeiten und auf einer leicht bemehlten Arbeitsfläche so lange abschlagen, bis er weder an den Händen noch am Brett klebt. Aus dem Teig zwei Kugeln formen. Diese unter eine vorgewärmte Schüssel legen, ca. 60 Minuten ruhen lassen.

Anschließend beide Teigkugeln auf einer bemehlten Arbeitsfläche rechteckig auswellen. Nun jede Teigplatte auf ein Geschirrtuch legen und vollends hauchdünn auswellen (mit den Händen nachhelfen). Die Teigplatten mit zerlassener Butter bestreichen. Für die Füllung die geschälten, vom Kernhaus befreiten Äpfel in kleine, dünne Scheiben schneiden, Mandeln, Zucker, Zimt, Rosinen untermischen und auf den Teigplatten verteilen (nicht ganz bis zum Rand).

Diese nacheinander mit dem Geschirrtuch von der Längsseite her locker aufrollen, die Seiten ca. 2 cm umschlagen. Die Oberflächen mit zerlassener Butter bestreichen. Beide Strudel auf ein gefettetes Backblech legen.

Im vorgeheizten Backofen bei 200 Grad ca. 50 Minuten backen. Über die noch warmen Apfelstrudel Puderzucker stäuben und Vanillesoße dazu reichen.

SALZBURGER NOCKERLN

Zutaten:

4 Eiweiß

70 g Zucker

1 Päckchen Vanillezucker

4 Eigelb

25 g Speisestärke

20 g Butter

1 Esslöffel Zucker

3 Esslöffel Milch

Zubereitung:

Eiweiß steif schlagen. Zucker, Vanillezucker langsam einrieseln lassen. Die Eigelbe nach und nach unter den Eischnee mischen, Speisestärke unterziehen. Nun zerlassene Butter, Zucker, Milch verrühren und in eine flache, gefettete Auflaufform gießen. Anschließend mit einem Teigschaber aus der Eischneemasse drei große Nockerln abstechen und in die Form setzen. Im vorgeheizten Backofen bei 200 Grad ca. 15 Minuten backen. Puderzucker über die Salzburger Nockerln stäuben, sofort servieren.

Zwergenstübchen

Backen für Freunde

Backen für Freunde – köstliche Zwergenstübchen Backrezepte

Das Zwergenstübchen möchte Ihnen mit diesem Buch
„Backen für Freunde" viele Anregungen geben, wie Sie
Ihre Gäste mit Selbstgebackenem verwöhnen können.
Es erwarten Sie, liebe Zwergenstübchenfreunde, süße und pikante,
gut schmeckende Backrezepte. Die Zwerge haben für Sie u.a.
feine Küchlein, Waffeln, Gebäck und köstliche Kuchen gebacken.
Probieren Sie doch einfach die leckeren Rezepte aus und
bestimmt werden Sie davon so begeistert sein,
dass Sie aus diesem Buch immer wieder gerne für Ihre Familie
und Freunde backen. Das Zwergenstübchen wünscht Ihnen
viel Freude beim Ausprobieren der Backrezepte und schöne
Stunden im Freundeskreis. Vielleicht steht schon bald unsere
Zwergenstübchen-Kostprobe auf Ihrem Tisch.

Elke und Timo
Schuster

Zwergenstübchens-Kostprobe

450 g Blätterteig rechteckig auswellen und auf ein kalt abgespültes Backblech geben. Die Teigplatte nacheinander mit 300 g grob geriebenem Hartkäse, 250 g Schinkenstreifen sowie 500 g blättrig geschnittenen Champignons belegen. 3 Eier, 1 Tasse Milch, etwas Salz, Pfeffer und geriebene Muskatnuss verquirlen, über den Belag gießen. Zum Schluss gut mit Rosmarin bestreuen. Im vorgeheizten Backofen bei 200 Grad ca. 30 Minuten backen.

Das Zwergenstübchen wünscht einen Guten Appetit!

ZWERGENGEBÄCK

Zutaten:

Teig:

250 g Mehl

1 1/2 Teelöffel Backpulver

1 Teelöffel Kräutersalz

150 g Butter

250 g Quark

1 Esslöffel Wasser

Füllung:

1 Zwiebel

etwas Butter

500 g Champignons

etwas Salz und

Pfeffer

1 Bund Petersilie

1 Ei zum Bestreichen

Zubereitung:

Alle Teigzutaten zu einem glatten Teig kneten. Diesen mit Folie abdecken, eine Stunde kaltstellen. Für die Füllung kleingewürfelte Zwiebel in heißer Butter glasig dünsten. Blättrig geschnittene Champignons dazugeben, ebenfalls mitdünsten und würzen. Anschließend feingehackte Petersilie untermischen. Den Teig auf einer bemehlten Arbeitsfläche dünn auswellen. Danach Kreise von 10 - 12 cm Ø ausstechen.

Jeweils in die Mitte der unteren Kreishälfte etwas von der abgekühlten Füllung geben. Leicht geschlagenes Eiweiß auf jeden Kreisrand streichen, danach halbkreisförmig zusammenklappen, die Ränder gut andrücken. Das gefüllte Gebäck auf ein gefettetes Backblech legen, mit etwas Wasser verquirltem Eigelb bestreichen. Im vorgeheizten Backofen bei 200 Grad ca. 20 Minuten backen.

Kräuter-Käse-Toast

Eine kleingeschnittene Zwiebel,
350 g gewürfelter Lachsschinken,
2 ½ Becher Crème fraîche,
100 g geriebener Hartkäse vermischen,
mit Salz und Pfeffer würzen.
Anschließend 1 Bund Petersilie fein hacken,
unterrühren.
12 Toastbrot-Scheiben damit bestreichen,
etwa 50 g geriebener Hartkäse
darüberstreuen.
Die Brote auf ein gefettetes Backblech legen.
Im vorgeheizten Backofen bei 200 Grad
ca. 15 Minuten überbacken. Vor dem
Servieren Schnittlauchröllchen auf den
Kräuter-Käse-Toasts verteilen.

KÄSEHÖRNCHEN

Zutaten:

Teig:

250 g Quark

3 Esslöffel Milch

6 Esslöffel Öl

1 Teelöffel Kräutersalz

300 g Mehl

1 Päckchen Backpulver

Füllung:

150 g Gouda
(in Scheiben geschnitten)

1 Bund Petersilie

1 Eigelb zum Bestreichen

Sesam zum Bestreuen

Zubereitung:

Quark, Milch, Öl, Salz verrühren, das mit Backpulver vermischte Mehl einarbeiten und zu einem glatten Teig kneten, kaltstellen. Danach den Teig auf einer bemehlten Arbeitsfläche rechteckig dünn auswellen. Aus der Teigplatte Dreiecke schneiden. Diese mit Käse belegen, darüber feingehackte Petersilie geben. Die Dreiecke zur Spitze hin aufrollen und auf ein gefettetes Backblech setzen. Die Hörnchen mit etwas Wasser verquirltem Eigelb bestreichen, Sesam darüberstreuen. Im vorgeheizten Backofen bei 200 Grad ca. 15 Minuten backen.

TOMATENKUCHEN

Zutaten:

Teig:

250 g Mehl

125 g Butter

$1/2$ Teelöffel Salz

1 Ei

2 Esslöffel Wasser

Belag:

etwas mittelscharfer Senf

300 g gekochter Schinken

300 g geriebener Hartkäse

750 g Tomaten

Zubereitung:

Alle Teigzutaten zu einem Mürbteig verarbeiten, kaltstellen. Anschließend den Teig auf einer bemehlten Arbeitsfläche auswellen, in eine gefettete Springform geben. Boden und Rand mit Senf bestreichen, danach schichtweise den Belag einfüllen.

Zuerst den in feine Streifen geschnittenen Schinken, über diesen etwa 150 g Käse gleichmäßig verteilen, darauf die gehäuteten, in Scheiben geschnittenen Tomaten legen und mit dem restlichen Käse abdecken. Im vorgeheizten Backofen bei 200 Grad ca. 45 Minuten backen.

CHAMPIGNONKUCHEN

Zutaten:

4 Scheiben Tiefkühl-
Blätterteig
250 g Hartkäse
400 g Champignons
1 Zwiebel
2 Paprikaschoten
1 Bund Petersilie
1/2 Bund Schnittlauch
etwas Salz und Pfeffer
3 Eier

Zubereitung:

Die aufgetauten Blätterteig-
Scheiben auf einer bemehlten Arbeitsfläche rund auswellen, in eine Springform
legen. Käse, Champignons,
Zwiebel, Paprika klein
schneiden und vermischen.
Danach die feingehackte
Petersilie sowie Schnitt-
lauchröllchen dazugeben.

Mit den Gewürzen abschme-
cken. Das Gemüse gleichmäßig
auf dem Blätterteig verteilen.
Anschließend die verquirlten
Eier darübergießen. Im vorgeheizten Backofen bei 200 Grad
ca. 60 Minuten backen.

KRÄUTER-ZUCCHINI-QUICHE

Zutaten:

Teig:

225 g Mehl

50 g gemahlene Mandeln

150 g Butter

$1/2$ Teelöffel Salz

1 Ei

Belag:

1 Zwiebel

etwas Olivenöl

600 g Zucchini

150 g geriebener Hartkäse

$1/2$ Bund Petersilie

etwas Basilikum und Majoran
(frisch oder getrocknet)

3 Eier

$1/4$ l Milch

etwas Kräutersalz und Pfeffer

Hülsenfrüchte zum
Blindbacken

Zubereitung:

Alle Teigzutaten zu einem Mürbteig verarbeiten, kaltstellen. Diesen auf einer bemehlten Arbeitsfläche auswellen, in eine gefettete Quicheform geben. Den Teigboden mit Pergamentpapier abdecken, Hülsenfrüchte darauf legen.

Im vorgeheizten Backofen bei 200 Grad ca. 10 Minuten blind backen. Papier und Hülsenfrüchte entfernen, weitere 5 Minuten backen. Währenddessen den Belag zubereiten. Kleingewürfelte Zwiebel in heißem Öl glasig dünsten, Zucchinischeiben zufügen, kurz mitdünsten.

Das abgekühlte Gemüse auf dem Quicheboden verteilen, mit etwa 100 g Käse sowie den feingehackten Kräutern bestreuen. Eier und Milch verquirlen, restlichen Käse, Salz, Pfeffer unterrühren, über die Quiche gießen. Bei 160 Grad ca. 45 Minuten fertig backen.

PIKANTE ZWERGEN-BISKUITS

Zutaten:

6 Eigelb

1/2 Becher süße Sahne

200 g Mehl

1 Messerspitze Backpulver

150 g geriebener Hartkäse

etwas Kräutersalz, Pfeffer

und geriebene Muskatnuss

1 Bund Petersilie

150 g roher Schinken

6 Eiweiß

Zubereitung:

Eigelb und Sahne verquirlen. Das mit Backpulver vermischte Mehl einrühren. Nacheinander Käse, Gewürze, feingehackte Petersilie, kleine Schinkenwürfel dazugeben, gut vermischen. Das steifgeschlagene Eiweiß unterziehen. Den Teig auf ein mit Back-Trennpapier ausgelegtes Backblech streichen.

Im vorgeheizten Backofen bei 200 Grad etwa 25 Minuten backen. Danach den Biskuit stürzen, das Back-Trennpapier entfernen und in beliebige Stücke schneiden z.B. in Streifen, Rauten, Würfel, Rechtecke. Die pikanten Zwergen-Biskuits schmecken warm und kalt gut.

HACKFLEISCHKUCHEN

Zutaten:

Teig:

250 g Mehl

$^1/_2$ Würfel Hefe

$^1/_2$ Teelöffel Zucker

$^1/_8$ l lauwarme Milch

$^1/_2$ Teelöffel Salz

50 g Butter

Belag:

1 Zwiebel

etwas Öl

1 Paprikaschote

225 g Pilze

250 g gemischtes
Hackfleisch

1 Bund Petersilie

etwas Salz, Pfeffer
und Majoran

150 g geriebener Hartkäse

Zubereitung:

Aus den Teigzutaten einen Hefeteig herstellen. Diesen so lange gehen lassen bis er sich verdoppelt hat. Für den Belag die kleinen Zwiebelwürfel in heißem Öl glasig dünsten. Nacheinander Paprikastreifen, blättrig geschnittene Pilze, Hackfleisch, feingehackte Petersilie dazugeben, ebenfalls mitdünsten, gut würzen.

Den Teig auf einer bemehlten Arbeitsfläche auswellen und in eine gefettete Kuchenform legen. Den etwas abgekühlten Hackfleischbelag gleichmäßig darauf verteilen. Zum Schluss mit Käse bestreuen. Im vorgeheizten Backofen bei 180 Grad ca. 30 Minuten backen.

FESTTALER

Zutaten:

Teig:

225 g Mehl

1/2 Päckchen Backpulver

80 g Butter

etwas Salz

2 Eigelb

100 g geriebener Hartkäse

100 ml Wasser

Milch zum Bestreichen

30 g geriebener Hartkäse
zum Bestreuen

1 rundes oder rundgewelltes
Ausstecherförmchen 5-6 cm Ø

Zubereitung:

Alle Teigzutaten zu einem
Mürbteig verarbeiten, kaltstellen. Anschließend den
Teig auf einer bemehlten
Arbeitsfläche etwa 1 1/2 cm
dick auswellen und Kreise
ausstechen. Diese auf ein
mit Back-Trennpapier aus-
gelegtes Backblech setzen.
Die Plätzchen mit Milch
bestreichen und Käse da-
rüberstreuen. Im vorgeheizten Backofen bei 225 Grad
ca. 15 Minuten backen.

MÖHRENKÜCHLEIN

Zutaten:

150 g Butter

150 g Zucker

3 Eier

250 g Mehl

$^3/_4$ Päckchen Backpulver

50 g Grieß

$^1/_2$ Teelöffel Zimt

50 g gemahlene Mandeln

200 ml Buttermilch

200 g geriebene Möhren

Papierbackförmchen

Zubereitung:

Butter schaumig schlagen. Abwechselnd Zucker, Eier dazugeben, gut rühren. Mehl, Backpulver, Grieß, Zimt, Mandeln vermischen, nach und nach zusammen mit der Buttermilch in die Schaummasse einrühren.

Zum Schluss die Möhren unterheben. Den Teig in Papierbackförmchen füllen. Im vorgeheizten Backofen bei 200 Grad ca. 25 Minuten backen. Die ausgekühlten Küchlein können mit Puderzucker bestäubt und Marzipanmöhren verziert werden.

PFIRSICHKUCHEN

Zutaten:

100 g Butter

150 g Zucker

1 Päckchen Vanillezucker

2 Eier

200 g Mehl

1/2 Päckchen Backpulver

100 ml Milch

30 g Butter

50 g Zucker

100 g gemahlene Mandeln

1 Dose Pfirsiche

Zubereitung:

Aus Butter, Zucker, Vanillezucker, Eier, Mehl mit Backpulver vermischt und Milch einen Rührteig herstellen.

Eine Springform mit Pergamentpapier auslegen, zerlassene Butter eingießen und den Boden damit bestreichen. Darauf gleichmäßig den Zucker verteilen, gemahlene Mandeln darüberstreuen. Die abgetropften Pfirsiche mit der gewölbten Seite nach unten auf die Mandelschicht legen.

Dabei beachten, dass die Pfirsiche etwa 1/2 cm Abstand zum Springformrand haben. Den Rührteig einfüllen, glatt streichen. Im vorgeheizten Backofen bei 175 Grad ca. 55 Minuten backen. Den Kuchen etwa 10 Minuten in der Form auskühlen lassen, danach stürzen und das Pergamentpapier entfernen.

PREISELBEER-ZIMTTORTE

Zutaten:

Teig:

4 Eiweiß

1 Prise Salz

125 g Puderzucker

4 Eigelb

75 g Mehl

50 g Speisestärke

1 Messerspitze Backpulver

2 Esslöffel Zimt

Belag:

3 Becher süße Sahne

2 Päckchen Vanillezucker

3 Päckchen Sahnesteif

400 g Preiselbeeren

Schokoraspel

Zubereitung:

Den Puderzucker in das mit Salz steifgeschlagene Eiweiß einrieseln lassen. Nach und nach die Eigelbe dazugeben.

Das Ganze so lange rühren bis eine cremige Masse entstanden ist. Mehl, Speisestärke, Backpulver, Zimt vermischen, über die Schaummasse sieben und unterheben. Nun den Biskuit im vorgeheizten Backofen bei 200 Grad ca. 25 Minuten backen.

Diesen gut auskühlen lassen, danach einmal in der Mitte quer durchschneiden. Für den Belag Sahne, Vanillezucker, Sahnesteif schlagen. Die Preiselbeeren unter etwa $2/3$ der Sahne heben. Den Tortenring um einen Biskuitboden legen.

Preiselbeersahne gleichmäßig auftragen, mit zweitem Boden abdecken. Etwas Sahne über die Tortenoberfläche streichen, kaltstellen. Anschließend restliche Sahne dekorativ aufspritzen und mit Schokoraspel verzieren.

KIRSCHKUCHEN

Zutaten:

Teig:

400 g Mehl

1 Würfel Hefe

80 g Zucker

1 Ei

200 ml lauwarme Milch

80 g Butter

Belag:

4 Gläser Sauerkirschen

100 g Zucker

3 Eier

2 Becher saure Sahne

$1/2$ Teelöffel Zimt

100 g gehobelte Mandeln

Zubereitung:

Aus den Teigzutaten einen Hefeteig herstellen. Diesen so lange gehen lassen bis er sich verdoppelt hat. Anschließend auf einer bemehlten Arbeitsfläche auswellen und auf ein gefettetes Backblech geben. Nun den Boden mit Kirschen belegen. Zucker, Eier, Sahne, Zimt gut verrühren, über die Kirschen gießen, gehobelte Mandeln darauf verteilen. Im vorgeheizten Backofen bei 200 Grad ca. 40 Minuten backen.

Zutaten:

Teig:

225 g Mehl

1 Teelöffel Backpulver

80 g Zucker

1 Ei

125 g Butter

Belag:

1/2 l Milch

2 Päckchen Vanille-
puddingpulver

150 g Zucker

3 Becher Schmand

2 Dosen Tortenpfirsich-
Schnitten

Zubereitung:

Alle Teigzutaten zu einem
Mürbteig verarbeiten, kaltstellen. Für den Belag einen
Pudding nach Packungsan-
weisung aus Milch, Puddingpulver, Zucker kochen. Nach
dem Abkühlen den Schmand
unterrühren. Auf einer bemehlten Arbeitsfläche den Teig auswellen, in eine gefettete Springform legen. Die abgetropften
Pfirsich-Schnitten auf dem
Teigboden verteilen und mit
der Pudding-Schmandmasse
abdecken. Im vorgeheizten
Backofen bei 200 Grad etwa
eine Stunde backen. Den gebackenen Kuchen nach ca.
30 Minuten aus der Form nehmen und auf ein Kuchengitter
geben.

KLEINE KRÄUTERFLADEN

Zutaten:

500 g Mehl

1 Würfel Hefe

1 Teelöffel Zucker

2 Teelöffel Knoblauchsalz

4 Esslöffel Kräuter der Provence

300 ml lauwarmes Wasser

5 Esslöffel Olivenöl

Zubereitung:

Aus den Teigzutaten einen Hefeteig zubereiten, so lange gehen lassen bis er sich verdoppelt hat. Anschließend den Teig zu zehn kleinen ca. 1 cm dicken und etwa 12 cm runden Fladen auswellen.

Diese auf zwei gefettete mit Mehl bestäubte Backbleche setzen. Kleine Vertiefungen mit dem Kochlöffelstiel eindrücken. Zum Schluss etwas Olivenöl darüber streichen. Im vorgeheizten Backofen bei 180 Grad ca. 20 Minuten backen.

Gerne werden die kleinen Kräuterfladen gleich nach dem Backen gegessen. Als Beilage empfehlen wir Schafskäse und Oliven, ebenso Knoblauch- sowie Tomaten-Paprikabutter. Besonders gut schmecken auch die überbackenen Kräuterfladen.

Knoblauchbutter
125 g Butter mit 2 Teelöffel Knoblauchsalz cremig rühren, danach kaltstellen.

Tomaten-Paprikabutter
125 g Butter cremig rühren. In diese 2 Teelöffel Paprikapulver, etwas Salz und Pfeffer sowie eine ganz fein geschnittene Tomate einarbeiten, kaltstellen.

Überbackene Kräuterfladen
Fladenbrote in der Mitte quer durchschneiden, mit Knoblauchbutter bestreichen. Auf jede Hälfte etwas von den feingeschnittenen Zwiebeln geben.

Darüber eine halbe bis eine Scheibe gekochten Schinken legen und mit geriebenem Hartkäse bestreuen (insgesamt etwa 200 g). Im vorgeheizten Backofen bei 200 Grad ca. 15 Minuten backen.

138

Das Zwergenfest ist zwar zu Ende,
aber noch lange nicht das Backen für Freunde!

Schoko-Kuchen

Zutaten:

250 g Butter, 200 g Zucker, 1 Päckchen Vanillezucker, 5 Eier,
200 g Mehl, 50 g Speisestärke, 1/2 Päckchen Backpulver,
100 g gemahlene Mandeln, 100 g kleingeschnittene Schokolade

Zubereitung:

Aus den Teigzutaten einen Rührteig zubereiten. Zum Schluss
gemahlene Mandeln und Schokoladenstückchen unter den
Teig mischen. Diesen in eine gefettete, mit Semmelbrösel ausgestreute
Gugelhupfform füllen. Im vorgeheizten Backofen bei
175 Grad ca. 1 Stunde backen.

STREUSELCHEN

Zutaten:

Streusel:

150 g kalte Butter
150 g Zucker
200 g Mehl
2 Esslöffel Kakao

Teig:

125 g Butter
125 g Zucker
1 Päckchen Vanillezucker
2 Eier
375 g Mehl
1 Päckchen Backpulver
220 ml Milch

Zubereitung:

Kleingeschnittene Butter mit Zucker, Mehl, Kakao verkneten und zu Streuseln zerkrümeln, kaltstellen. Anschließend alle Teigzutaten zu einem Rührteig verarbeiten. Diesen in eine gefettete Springform füllen, darüber die Streusel verteilen. Im vorgeheizten Backofen bei 200 Grad ca. 45 Minuten backen. Der ausgekühlte Kuchen kann noch mit Puderzucker bestäubt werden.
Das gute Streuselchen ist ein Lieblingskuchen unserer Zwergenstübchenkinder und deren Freunde.

APFEL-MARZIPANKUCHEN

Zutaten:

Teig:

250 g Mehl

1/2 Teelöffel Backpulver

80 g Zucker

1 Päckchen Vanillezucker

1 Ei

100 g Butter

1 Esslöffel Wasser

Belag:

500 g Äpfel

100 g gemahlene Mandeln

1 Esslöffel Rosenwasser

120 g Marzipanrohmasse

300 ml Milch

1/2 Päckchen Vanille-
puddingpulver

125 g Zucker

4 Eier

Zubereitung:

Die Teigzutaten zu einem Mürbteig verarbeiten, kalt-stellen. Geschälte Äpfel vier-teln, Kerngehäuse heraus-schneiden, anschließend in ca. 1/2 cm dicke Scheiben schneiden. Mandeln, Rosen-wasser zufügen und vermi-schen.

Marzipanstückchen mit einigen Löffeln Milch cremig rühren. Puddingpulver, Zucker, etwas Milch glatt rühren, in der rest-lichen heißen Milch zusammen mit der Marzipancreme auf-kochen.

Diese abkühlen lassen, nach und nach Eier unterrühren. Den ausgewellten Teig in eine gefettete Springform legen. Zuerst alle Apfelscheiben ein-schichten, darauf die Pudding-masse verteilen. Im vorgeheiz-ten Backofen bei 190 Grad ca. 60 Minuten backen.

KÖSTLICHER KÄSEKUCHEN

Zutaten:

1 kg Schichtkäse

1 Becher Schmand

$1/2$ Becher süße Sahne

230 g Zucker

1 Päckchen Vanillezucker

6 Eigelb

75 g Speisestärke

100 g Butter

6 Esslöffel Dosenmilch

6 Eiweiß

Zubereitung:

Gut abgetropfter Schichtkäse, Schmand und süße Sahne verrühren. Abwechselnd Zucker, Vanillezucker, Eigelb dazugeben, schaumig schlagen.

Anschließend Speisestärke, zerlassene Butter, Dosenmilch einrühren. Zum Schluss Eischnee unterziehen. Den Boden einer gefetteten Springform mit Back-Trennpapier auslegen, die Teigmasse einfüllen. Im vorgeheizten Backofen bei 180 Grad ca. 1 Stunde backen. Nach 20 Minuten Backzeit mit einem Messer am Springformrand entlang fahren (um den Teig zu lösen). Der fertig gebackene Kuchen sollte im ausgeschalteten Backofen 1 Stunde stehen bleiben. Danach aus dem Ofen nehmen und zum Auskühlen noch etwa 3 Stunden in der Form lassen.

ROTER BEERENKUCHEN

Zutaten:

Teig:

3 Eigelb

3 Esslöffel lauwarmes Wasser

100 g Puderzucker

1 Päckchen Vanillezucker

3 Eiweiß

50 g Mehl

50 g Speisestärke

$1/2$ Teelöffel Backpulver

Belag:

700 g Johannisbeeren

100 g Zucker

(Saft aufheben für Belag

und Tortenguss)

100 g Zucker

1 Esslöffel Speisestärke

1 Teelöffel Zimt

1 Päckchen roter Tortenguss

1 Becher süße Sahne

1 Päckchen Vanillezucker

1 Päckchen Sahnesteif

Zubereitung:

Aus den Teigzutaten einen Biskuit herstellen, ca. 20 Minuten backen. Abgezupfte Johannisbeeren einzuckern, gut durchziehen lassen. Danach Zucker, Speisestärke, Zimt mit $1/4$ l Saft der abgetropften Johannisbeeren verrühren und aufkochen, anschließend die Johannisbeeren untermischen. Diese abgekühlt gleichmäßig auf dem Biskuitboden verteilen. Nun den Tortenguss nach Packungsanweisung mit dem restlichen Saft zubereiten (evtl. noch etwas Wasser zufügen), über die Johannisbeeren geben. Sahne, Vanillezucker, Sahnesteif schlagen und den erkalteten Beerenkuchen hübsch verzieren.

BIRNENKUCHEN

Zutaten:

Teig:

150 g Mehl

1 Teelöffel Backpulver

50 g Zucker

1 Eigelb

50 g Butter

Belag:

2 Eiweiß

50 g Zucker

1 Päckchen Vanillezucker

2 Eigelb

50 g gemahlene Zartbitter-Schokolade

50 g abgezogene, gemahlene Mandeln

1 kleines Glas Preiselbeeren

1 Becher süße Sahne

1 Päckchen Vanillezucker

1 Päckchen Sahnesteif

1 Dose Birnen

etwas geraspelte Schokolade

Zubereitung:

Einen Mürbteig zubereiten, kaltstellen. Den Boden einer gefetteten Springform mit Back-Trennpapier auslegen, darauf den ausgewellten Teig geben. Im vorgeheizten Backofen bei 180 Grad 15 Minuten backen. Währenddessen die Mandelmasse herstellen.

Eiweiß mit Zucker, Vanillezucker steif schlagen. Eigelb einrühren, Schokolade und Mandeln untermischen. Die Preiselbeeren auf den vorgebackenen Boden streichen, darüber die Mandelmasse gleichmäßig verteilen. In weiterer ca. 25 Minuten den Kuchen fertig backen.

In der Form auskühlen lassen, danach das Back-Trennpapier entfernen. Sahne, Vanillezucker, Sahnesteif schlagen, diese über die erkaltete Mandelmasse streichen. Birnenhälften auf der Sahne dekorativ anordnen sowie die Mitte des Kuchens mit geraspelter Schokolade bestreuen.

144

Aprikosen-Mohnkuchen

150 g Butter schaumig schlagen.
Abwechselnd 100 g Zucker,
3 Eier dazugeben und mitrühren.
Nacheinander 1 Päckchen
backfertige Mohnfüllung,
100 g abgezogene, gemahlene Mandeln
sowie 80 g Mehl, welches mit
40 g Speisestärke und 1/2 Päckchen
Backpulver vermischt ist, einrühren.
Den Teig in eine gefettete
Springform füllen.
Darauf die abgetropften
Aprikosenhälften (1 Dose) legen.
Im vorgeheizten Backofen
bei 175 Grad ca. 55 Minuten backen.

ZITRONENKÜCHLEIN

Zutaten:

200 g Butter

200 g Zucker

4 Eier

Saft von 2 Zitronen

200 g Mehl

1/2 Päckchen Backpulver

Papierbackförmchen

Zubereitung:

Die Teigzutaten zu einem Rühr-teig verarbeiten. Den Teig in Papierbackförmchen füllen. Im vorgeheizten Backofen bei 180 Grad ca. 30 Minuten backen. Die Küchlein können nach dem Backen mit einer Zitronen-glasur hübsch verziert werden. Hierfür Puderzucker und Zitronensaft zu einer dickflüs-sigen Glasur rühren oder eine Zitronenglasur nach Packungs-anweisung im Wasserbad er-hitzen. Auch ohne Glasur schmecken die ausgekühlten Zitronenküchlein gut, ebenso mit Puderzucker bestäubt.

ZWERGENKUCHEN VOM BACKHÄUSLE

Zutaten:

Teig:

250 g Mehl

$^1/_2$ Würfel Hefe

$^1/_2$ Teelöffel Zucker

1 Teelöffel Salz

1 Eigelb

50 g Butter

knapp $^1/_8$ l Wasser

Belag:

500 g Lauch

400 g Champignons

etwas Öl

150 g gekochter Schinken

etwas Salz, Pfeffer, Curry

20 g Butter

$^1/_2$ Esslöffel Mehl

$^1/_4$ l Gemüsebrühe

125 g Camembert

2 Esslöffel Crème fraîche

1 Bund Petersilie

etwas Knoblauchsalz, Pfeffer

Zubereitung:

Einen Hefeteig herstellen. Für den Belag Lauchringe, blättrig geschnittene Champignons in heißem Öl kurz dünsten. Kleingewürfelten Schinken untermischen, gut würzen. Für die Soße Butter erhitzen. Mehl dazugeben, unter Rühren hellgelb anschwitzen, mit Gemüsebrühe ablöschen, ca. 5 Minuten kochen lassen. Die Soße vom Herd nehmen, Camembert-Würfel, Crème fraîche einrühren, feingehackte Petersilie zufügen und würzen. Den ausgewellten Teig in eine gefettete Kuchenform legen, darauf den abgekühlten Belag geben, mit Soße übergießen. Im vorgeheizten Backofen bei 200 Grad ca. 40 Minuten backen.

KUGELKRÄNZCHEN

Zutaten:

250 g Mehl

1/2 Päckchen Backpulver

1 1/2 Teelöffel Kräutersalz

50 g Butter

150 g geriebener Hartkäse

1 Ei

1/8 l Milch

etwas Sesam, Mohn,
Kümmel, geriebener
Hartkäse zum Bestreuen

Zubereitung:

Alle Teigzutaten zu einem
Mürbteig verarbeiten, kaltstellen. Anschließend acht
gleich große Kugeln formen,
die Seiten und Oberflächen
mit Milch bestreichen.

Diese nun in eine gefettete
Springform kranzförmig dicht
aneinander setzen (etwas Abstand zum Springformrand lassen). Über die Kugeln abwechselnd Sesam, Mohn, Kümmel
und Käse streuen. Im vorgeheizten Backofen bei 200 Grad etwa
30 Minuten backen.

ÜBERBACKENE GEMÜSEBRÖTCHEN

Zutaten:

300 g Zucchini
1 gelbe Paprikaschote
6 Tomaten
etwas Olivenöl
250 g Mozzarella-Käse
1 Bund Petersilie
einige Basilikumblättchen
etwas Majoran und Thymian
etwas Knoblauchsalz
und Pfeffer
6 längliche Brötchen
etwas Butter

Zubereitung:

Zucchini, Paprika, Tomaten in kleine Würfel schneiden. Das Gemüse in heißem Öl kurz andünsten. Kleingewürfelter Mozzarella und feingehackte Kräuter untermischen, gut würzen. Alle Brötchenhälften mit Butter bestreichen, das Gemüse gleichmäßig darauf verteilen. Im vorgeheizten Backofen bei 200 Grad etwa 5 Minuten überbacken.

KÄSETÖRTCHEN

Zutaten:

225 g Tiefkühl-Blätterteig

2 Eier

220 ml Milch

200 g geraspelter Hartkäse

30 g Mehl

etwas Salz, Pfeffer und geriebene Muskatnuss

2 Pizzaformen-Backbleche für jeweils 12 Mini-Pizzas oder entsprechend andere kleine Förmchen

Zubereitung:

Die Blätterteig-Scheiben zum Auftauen auslegen. Währenddessen Eier, Milch verquirlen, Käse und Mehl unterrühren, gut würzen. Den Blätterteig auf einer bemehlten Arbeitsfläche dünn auswellen, Kreise von etwa 8 cm Ø ausstechen und in die ungefetteten Förmchen legen. Alle Teigböden mit einer Gabel einstechen, anschließend die Eiermasse hineingeben (etwa bis zu $3/4$ füllen). Im vorgeheizten Backofen bei 180 Grad ca. 15 Minuten backen, heiß servieren.

BACKKURS DIPLOM

1. Mini-Pizzas

Zutaten:

Teig:

250 g Mehl

1/2 Würfel Hefe

1/2 Teelöffel Zucker

1 Teelöffel Kräutersalz

1 Ei

100 ml lauwarme Milch

50 g Butter

Belag:

1/2 Becher Crème fraîche

1/2 Becher süße Sahne

2 Eier

1 Teelöffel Speisestärke

150 g geriebener Hartkäse

etwas Kräutersalz und Pfeffer

150 g Möhren

150 g Brokkoli

300 g Zucchini

2 Paprikaschoten

3 Pizzaformen-Backbleche

für jeweils 12 Mini-Pizzas

Zubereitung:

Aus den Teigzutaten einen Hefeteig herstellen. Diesen so lange gehen lassen bis er sich verdoppelt hat. Danach auf einer bemehlten Arbeitsfläche auswellen, Kreise von etwa 8 cm Ø ausstechen und in die gefetteten Förmchen legen. Für den Belag Crème fraîche, Sahne, Eier, Speisestärke, Käse, Gewürze verrühren.

Die Teigböden damit dünn bestreichen. Möhrenscheiben, Brokkoliröschen in Gemüsebrühe blanchieren. Abgekühlte Möhren, Brokkoli, Zucchinischeiben und Paprikastreifen auf den Teigböden anordnen, mit Kräutersalz bestreuen, restliche Sahnecreme darüber verteilen. Im vorgeheizten Backofen bei 220 Grad ca. 10 Minuten backen.

Erwartet man am Abend Gäste, empfiehlt es sich diese Mini-Pizzas (36 Stück) am Vormittag zuzubereiten, so müssen sie vor dem Essen nur noch kurz aufgebacken werden. Falls keine Pizzaformen-Backbleche vorhanden sind, reicht die Teigmenge genau für ein Backblech. Natürlich können die Gemüsesorten auf den Mini-Pizzas beliebig verändert bzw. variiert werden u.a. mit feingeschnittenem Schinken oder dünnen Salamischeiben, blättrig geschnittenen Pilzen, Thunfischstückchen, Ei-Scheiben.

2. Grün-Rote Pizza

Zutaten:

Teig:

250 g Mehl

1/2 Würfel Hefe

1/2 Teelöffel Zucker

1 Teelöffel Kräutersalz

1/8 l lauwarme Milch

4 Esslöffel Olivenöl

Belag:

1 Bund Petersilie

einige Blättchen Basilikum

etwas Kräutersalz

2 Esslöffel Olivenöl

3/4 Becher Crème fraîche

100 g geriebener Hartkäse

400 g Zucchini

4 Tomaten

2 grüne Paprikaschoten

1/2 Zwiebel

30 g geriebener Hartkäse

Zubereitung:

Alle Teigzutaten zu einem Hefeteig verarbeiten. Diesen so lange gehen lassen bis er sich verdoppelt hat. Danach auf einer bemehlten Arbeitsfläche auswellen und auf ein gefettetes Backblech legen. Für den Belag zuerst die Kräuter fein hacken, mit Kräutersalz und Olivenöl mischen. Auf den Teigboden Crème fraîche streichen, Käse gleichmäßig darüberstreuen. Nun mit Zucchini-, Tomatenscheiben, Paprikastreifen, Zwiebelringen belegen, darauf den Käse sowie die Öl-Kräuter verteilen. Die Grün-Rote Pizza im vorgeheizten Backofen bei 200 Grad ca. 30 Minuten backen.

3. Würstchen-Pizza

Zutaten:

Teig:

200 g Mehl

1/2 Würfel Hefe

1/2 Teelöffel Zucker

1 Teelöffel Kräutersalz

1 Teelöffel Oregano

100 ml lauwarmes Wasser

1 Esslöffel Olivenöl

50 g Butter

Belag:

etwas Olivenöl

100 g geriebener Hartkäse

8 Cocktail-Würstchen

1 Glas geschnittene

Champignons (ca. 500 g)

7 Cocktail-Tomaten

1 grüne Paprikaschote

etwas Kräutersalz und

Pizzagewürz

20 g geriebener Hartkäse

Zubereitung:

Aus den Teigzutaten einen Hefeteig zubereiten. Diesen so lange gehen lassen bis er sich verdoppelt hat. Danach auf einer bemehlten Arbeitsfläche rund auswellen und in eine gefettete Kuchen- oder Pizzaform legen.

Den Teigboden mit Olivenöl dünn bestreichen, Käse darüber verteilen. Darauf die Würstchen (vorher der Länge nach halbieren) sowie Champignons, Tomaten, Paprikastreifen anordnen. Anschließend mit den Gewürzen und dem Käse bestreuen. Im vorgeheizten Backofen bei 200 Grad ca. 30 Minuten backen.

HEIDELBEERKUCHEN

Zutaten:

Teig:

250 g Mehl

$^1/_2$ Teelöffel Backpulver

50 g gemahlene Haselnüsse

80 g Zucker

1 Päckchen Vanillezucker

2 Eigelb

100 g Butter

2 Esslöffel Crème fraîche

Belag:

2 Gläser Heidelbeeren

1 $^1/_4$ Becher süße Sahne

80 g Zucker

1 Päckchen Vanillezucker

150 g gemahlene Haselnüsse

Semmelbrösel

Zubereitung:

Aus den Teigzutaten einen Mürbteig zubereiten, kaltstellen. Den ausgewellten Teig in eine gefettete Kuchenform legen, Semmelbrösel darüberstreuen und mit den gut abgetropften Heidelbeeren belegen. Sahne, Zucker, Vanillezucker, Haselnüsse verrühren, auf den Heidelbeeren gleichmäßig verteilen. Im vorgeheizten Backofen bei 200 Grad ca. 50 Minuten backen. Der ausgekühlte Heidelbeerkuchen kann noch mit Puderzucker bestäubt werden.

APFEL-STREUSELKUCHEN

Zutaten:

Teig:

300 g Mehl

1 Teelöffel Backpulver

100 g Zucker

1 Ei

125 g Butter

1 Esslöffel Wasser

Belag:

1,5 kg Äpfel

etwas Zucker und Zimt

80 g kalte Butter

80 g Zucker

1 Päckchen Vanillezucker

125 g Mehl

Semmelbrösel

Zubereitung:

Einen Mürbteig zubereiten, kaltstellen. Für den Belag die geschälten Äpfel vierteln, das Kerngehäuse herausschneiden. Diese Apfelviertel halbieren, mit Zucker, Zimt vermischen, etwa 30 Minuten durchziehen lassen. Währenddessen Streusel zubereiten. Butterstückchen, Zucker, Vanillezucker, Mehl verkneten und zu Streusel zerkrümeln, kaltstellen. Nun den ausgewellten Teig auf ein gefettetes Backblech legen, mit Semmelbrösel bestreuen. Die Äpfel dicht nebeneinander (Rundung nach oben) leicht in den Teig drücken. Streusel über dem Kuchen verteilen. Im vorgeheizten Backofen bei 200 Grad ca. 40 Minuten backen.

ZWETSCHGENKUCHEN

Zutaten:

Teig:

300 g Mehl

1/2 Würfel Hefe

50 g Zucker

1 Eigelb

125 ml lauwarme Milch

80 g Butter

Belag:

750 g Quark

5 Esslöffel Crème fraîche

130 g Zucker

1 Päckchen Vanillezucker

1 Esslöffel Speisestärke

50 g gemahlene Mandeln

1 kg Zwetschgen

etwas Zucker und Zimt

1 Becher süße Sahne

2 Esslöffel Zucker

2 Eigelb

1 Esslöffel Speisestärke

2 Eiweiß

Zubereitung:

Einen Hefeteig herstellen, 15 Minuten gehen lassen. Den ausgewellten Teig in eine gefettete Kuchenform legen. Quark, Crème fraîche, Zucker, Vanillezucker, Speisestärke, Mandeln vermischen, auf dem Teigboden gleichmäßig verteilen. Die entsteinten Zwetschgen dicht nebeneinander (fast senkrecht) anordnen, mit Zucker, Zimt bestreuen. Steifgeschlagene Sahne, Zucker, Eigelb, Speisestärke verrühren, Eischnee unterziehen, über die Zwetschgen geben. Im vorgeheizten Backofen bei 200 Grad ca. 1 Stunde backen, weitere 10 Minuten im ausgeschalteten Backofen stehen lassen. Den Kuchen erst nach dem Erkalten aus der Form nehmen.

ZWIEBACK-KIRSCHKUCHEN

Zutaten:

Teig:

250 g Mehl

1 Messerspitze Backpulver

80 g Zucker

1 Ei

125 g Butter

1 Esslöffel Wasser

Belag:

120 g gemahlener Zwieback

3 Gläser Kirschen

3 Eigelb

150 g Zucker

1 Teelöffel Zimt

250 g Crème fraîche

3 Eiweiß

Hülsenfrüchte zum
Blindbacken

Zubereitung:

Einen Mürbteig zubereiten, kaltstellen. Den ausgewellten Teig in eine gefettete Kuchenform geben. Den Teigboden mit Pergamentpapier abdecken, Hülsenfrüchte darauf legen. Im vorgeheizten Backofen bei 200 Grad 15 Minuten blind backen. Danach Papier und Hülsenfrüchte entfernen. Die Hälfte des Zwiebackmehls auf dem Boden verteilen, abgetropfte Kirschen darüber geben, mit dem zuvor zubereiteten Guss abdecken. Für diesen Eigelb, Zucker, Zimt schaumig schlagen. Anschließend Crème fraîche, restliches Zwiebackmehl vorsichtig einrühren, den Eischnee unterziehen. In ca. 45 Minuten fertig backen.

SPINATKUCHEN

Zutaten:

Teig:

250 g Mehl

$1/2$ Teelöffel Backpulver

125 g Butter

1 $1/2$ Teelöffel Knoblauchsalz

1 Ei

Belag:

600 g Tiefkühl-Blattspinat

200 g Lauch

1 Zwiebel

1 Bund Petersilie

einige Blättchen Basilikum

etwas Butter

etwas Knoblauchsalz, Pfeffer,

Curry, geriebene Muskatnuss

100 g geriebener Hartkäse

2 Eier

4 Esslöffel süße Sahne

1 Teelöffel Speisestärke

etwas Kräutersalz, Pfeffer

und Curry

Zubereitung:

Alle Teigzutaten zu einem
Mürbteig verarbeiten, kaltstellen. Währenddessen den
Belag zubereiten. Spinat auftauen, gut ausdrücken, mit
Lauchringen, kleingeschnittener Zwiebel sowie feingehackten Kräutern in heißer
Butter andünsten und würzen.
Den Teig auf einer bemehlten
Arbeitsfläche auswellen, in eine
gefettete Kuchenform legen. Im
vorgeheizten Backofen bei 200
Grad ca. 15 Minuten vorbacken.
Anschließend den Boden mit
geriebenem Käse bestreuen,
die Spinatmasse darauf verteilen. Eier, Sahne, Speisestärke,
Gewürze verquirlen und über
den Spinatkuchen gießen. Bei
220 Grad in etwa 30 Minuten
fertig backen.

ZWIEBEL-KÄSEKUCHEN

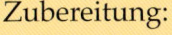

Zutaten:

Teig:

300 g Mehl

$1/2$ Würfel Hefe

$1/2$ Teelöffel Zucker

1 Teelöffel Salz

1 Ei

$1/8$ l lauwarme Milch

50 g Butter

Belag:

800 g Zwiebeln

100 g durchwachsener Speck

50 g Butter

etwas Salz, Pfeffer
und Kümmel

150 g geriebener Hartkäse

$3/4$ Becher Crème fraîche

1 Teelöffel Speisestärke

Zubereitung:

Aus den Teigzutaten einen Hefeteig herstellen. Diesen so lange gehen lassen bis er sich verdoppelt hat. Während-dessen den Belag zubereiten. Feingehobelte Zwiebeln sowie kleingewürfelter Speck in heißer Butter glasig dünsten, gut würzen. Den Teig auf einer bemehlten Arbeitsfläche aus-wellen und in eine gefettete Kuchenform legen. Die abge-kühlte Zwiebel-Speckmasse auf den Teigboden geben, mit Käse bestreuen. Crème fraîche und Speisestärke verrühren, über dem Kuchen gleichmäßig verteilen. Im vorgeheizten Backofen bei 200 Grad etwa 25 Minuten backen.

SAUERKRAUT-KARTOFFELKUCHEN

Zutaten:

Teig:

250 g Mehl

1 Messerspitze Backpulver

1/2 Teelöffel Salz

125 g Butter

4 Esslöffel Wasser

Belag:

100 g durchwachsener Speck

1 Zwiebel

etwas Butter

400 g Sauerkraut

150 g gekochte Kartoffeln

etwas Salz, Pfeffer,

Kümmel und Majoran

2 Becher süße Sahne

3 Eier

etwas Salz und geriebene

Muskatnuss

Zubereitung:

Alle Teigzutaten zu einem Mürbteig verarbeiten, kaltstellen. Währenddessen Speck- und Zwiebelwürfel in heißer Butter glasig dünsten. Das Sauerkraut, sowie die kleinwürfelig geschnittenen Kartoffeln kurz mitdünsten, gut würzen.

Den Teig auf einer bemehlten Arbeitsfläche auswellen, in eine gefettete Kuchenform legen. Auf dem Teigboden den etwas abgekühlten Belag gleichmäßig verteilen. Im vorgeheizten Backofen bei 190 Grad 10 Minuten vorbacken. Sahne, Eier, Gewürze verquirlen, über den Kuchen gießen und in weiteren etwa 40 Minuten fertig backen.

LAUCHKUCHEN

Zutaten:

Teig:

225 g Mehl

1 Messerspitze Backpulver

1/2 Teelöffel Salz

125 g Butter

1 Ei

Belag:

100 g durchwachsener Speck

etwas Butter

1 kg Lauch

etwas Salz, Pfeffer und Curry

2 Eier

1 Becher Crème fraîche

etwas Salz, Pfeffer und

geriebene Muskatnuss

75 g geriebener Hartkäse

Zubereitung:

Aus den Teigzutaten einen Mürbteig zubereiten, kaltstellen. In der Zwischenzeit kleingewürfelten Speck in heißer Butter leicht anbraten. Den in Ringe geschnittenen Lauch zufügen, etwa 10 Minuten mitdünsten (dabei immer wieder umrühren), gut würzen. Den Teig auf einer bemehlten Arbeitsfläche auswellen und in eine gefettete Springform legen. Auf dem Teigboden die abgekühlte Lauchmasse gleichmäßig verteilen. Eier, Crème fraîche, Gewürze verquirlen, über den Belag geben und mit Käse bestreuen. Im vorgeheizten Backofen bei 200 Grad ca. 30 Minuten backen.

EIERKUCHEN

Zutaten:

Teig:

225 g Mehl

1 Messerspitze Backpulver

etwas Knoblauchsalz

100 g Butter

1 Ei

4 Esslöffel Wasser

Belag:

3 Zwiebeln

etwas Butter

5 Eier

1 Esslöffel Speisestärke

3/4 Becher Crème fraîche

etwas Knoblauchsalz,

Pfeffer und Curry

100 g geriebener Hartkäse

1/2 Bund Petersilie

1/2 Bund Schnittlauch

200 g roher Schinken

400 g Champignons

Zubereitung:

Einen Mürbteig zubereiten, kaltstellen. Für den Belag Zwiebelwürfel in heißer Butter glasig dünsten, abkühlen lassen. Eier, Speisestärke, Crème fraîche verquirlen, gut würzen. Käse, feingehackte Petersilie, Schnittlauchröllchen und Zwiebelwürfel untermischen.

Den Teig auf einer bemehlten Arbeitsfläche auswellen, in eine gefettete Kuchenform legen. Schinkenwürfel, blättrig geschnittene Champignons gleichmäßig auf dem Teigboden verteilen, die Eiermasse darüber geben. Nun im vorgeheizten Backofen bei 200 Grad ca. 45 Minuten backen.

ZWERGEN-PETERLE

Zutaten:

Teig:

300 g Mehl

$1/2$ Würfel Hefe

$1/2$ Teelöffel Zucker

1 Teelöffel Salz

$1/8$ l lauwarme Milch

100 g Butter

Belag:

3 Becher Schmand

300 g Petersilie (Peterle)

etwas Salz

Zubereitung:

Einen Hefeteig herstellen und diesen so lange gehen lassen bis er sich verdoppelt hat. Anschließend den ausgewellten Teig auf ein gefettetes Backblech legen. Etwas Schmand über den Teigboden streichen. Kleingeschnittene Petersilie mit restlichem Schmand verrühren und würzen. Die Masse auf dem Teigboden verteilen. Im vorgeheizten Backofen bei 220 Grad ca. 30 Minuten backen.

SCHINKENKUCHEN

Zutaten:

Teig:

200 g Mehl

1 Messerspitze Backpulver

1/2 Teelöffel Knoblauchsalz

100 g Butter

5 Esslöffel Wasser

Belag:

200 g roher Schinken

100 g geriebener Hartkäse

350 g Tomaten

1/2 Bund Petersilie, einige

Blättchen Basilikum und

Majoran

etwas Kräutersalz

und Pfeffer

2 Eier

1/2 Becher süße Sahne

1 Teelöffel Kräutersalz

und etwas Pfeffer

1 Teelöffel Speisestärke

Zubereitung:

Einen Mürbteig zubereiten, kalt-stellen. Den ausgewellten Teig in eine gefettete Kuchenform legen. Nacheinander Schinken-würfel, Käse, Tomatenscheiben auf dem Teigboden verteilen, mit feingehackten Kräutern bestreuen, würzen. Eier, Sahne, Gewürze, Speisestärke verquir-len, über den Belag gießen. Im vorgeheizten Backofen bei 200 Grad ca. 25 Minuten backen.

Zur Seilbahn

GRÜNER KUCHEN

Zutaten:

Teig:

200 g Mehl

$^1/_2$ Teelöffel Backpulver

1 Teelöffel Kräutersalz

180 g Quark

180 g Butter

Belag:

400 g Tiefkühl-Blattspinat

250 g Brokkoli

150 g gekochter Schinken

etwas Knoblauchsalz

1 Becher Crème fraîche

4 Eier

150 g geriebener Hartkäse

1 Bund Petersilie und

einige Basilikumblättchen

etwas Kräutersalz, Pfeffer,

Majoran und geriebene

Muskatnuss

Zubereitung:

Die Zutaten zu einem glatten Teig kneten, kaltstellen. Spinat auftauen, gut ausdrücken. Brokkoliröschen blanchieren, abtropfen lassen. Den ausgewellten Teig in eine gefettete Kuchenform legen.

Danach Schinkenwürfel und abgekühlte Brokkoliröschen auf dem Teigboden verteilen, würzen. Nun Crème fraîche mit den Eiern verquirlen.

Käse, feingehackte Kräuter, Gewürze, kleingeschnittener Spinat zufügen, gut untermischen und über das Gemüse geben. Im vorgeheizten Backofen bei 200 Grad ca. 40 Minuten backen.

GEFÜLLTES BLÄTTERTEIG-GEBÄCK

Zutaten:

1 Zwiebel

400 g Champignons

1 Bund Petersilie

etwas Butter

etwas Kräutersalz und Pfeffer

200 g gekochter Schinken

200 g Gouda-Käse

450 g Tiefkühl-Blätterteig

1 Ei

Zubereitung:

Kleingewürfelte Zwiebel, blättrig geschnittene Champignons, feingehackte Petersilie in heißer Butter andünsten, würzen, abkühlen lassen. Schinken-, Käsewürfelchen untermischen. Aufgetauten Blätterteig dünn auswellen, in Rechtecke von etwa 10 x 12 cm schneiden. Teigränder mit leicht geschlagenem Eiweiß bestreichen.

Jeweils auf die untere Hälfte jedes Rechtecks etwas von der Füllung geben, die obere Hälfte darüber klappen, die Teigränder dabei fest andrücken. Das Gebäck auf ein kalt abgespültes Backblech legen, die Oberfläche mit Wasser verquirltem Eigelb bestreichen. Im vorgeheizten Backofen bei 200 Grad etwa 20 Minuten backen.

SÜSSE WÖLKCHEN

Weiße Wölkchen

Grundrezept
Zutaten:
2 Eiweiß
125 g Puderzucker

Zubereitung:
Eiweiß zu steifem Schnee schlagen. Die Hälfte des Zuckers langsam einrühren. Anschließend den restlichen Zucker leicht untermischen. Danach die Schaummasse in einen Spritzbeutel füllen und Wölkchen auf ein mit Back-Trennpapier ausgelegtes Backblech spritzen. Diese im vorgeheizten Backofen bei 100 Grad ca. 2 Stunden trocknen lassen.

Rosa Wölkchen

Zutaten und Zubereitung nach dem Grundrezept. In die weiße Schaummasse etwas rote Speisefarbe einrühren.

Himmelblaue Wölkchen

Der weißen Schaummasse etwas blaue Speisefarbe zufügen.

Regenwölkchen

In die weiße Schaummasse zwei Esslöffel Kokosraspel geben, vorsichtig untermischen. Die getrockneten, ausgekühlten Wölkchen mit der im Wasserbad geschmolzenen Kuvertüre überziehen oder hübsch verzieren.

HEIDELBEER- UND KOKOSKÜCHLEIN

Zutaten:

100 g Butter

100 g Zucker

2 Eier

200 g Mehl

1/2 Päckchen Backpulver

1 Becher Schmand

200 g Heidelbeeren

Papierbackförmchen

Zubereitung:

Butter schaumig schlagen. Abwechselnd Zucker, Eier dazugeben, gut rühren. Mehl und Backpulver vermischen, löffelweise mit dem Schmand in die Schaummasse einrühren. Zum Schluss Heidelbeeren unterheben. Den Teig in Förmchen füllen. Im vorgeheizten Backofen bei 180 Grad ca. 25 Minuten backen.

Zutaten:

120 g Butter

200 g Zucker

3 Eier

225 g Mehl

1/2 Päckchen Backpulver

300 ml Buttermilch

100 g Zartbitter-Schokolade

100 g Kokosraspel

Papierbackförmchen

Zubereitung:

Alle Teigzutaten zu einem Rührteig verarbeiten. Zum Schluss die im Wasserbad geschmolzene Schokolade und Kokosraspel einrühren. Nun den Teig in Förmchen füllen. Im vorgeheizten Backofen bei 180 Grad etwa 35 Minuten backen.

Da die Küchlein leicht auseinander laufen, sollten die Papierförmchen in Muffin-Backformen gestellt werden. Besonders gut schmecken die ausgekühlten Küchlein, wenn man sie dünn mit erwärmter Aprikosen-Marmelade bestreicht und Kokosraspel darüber streut.

HERZ FÜR FREUNDE

Zutaten:

Teig:

250 g Mehl

1/2 Päckchen Backpulver

1 Teelöffel Kräutersalz

125 g Quark

1 Ei

4 Esslöffel Öl

1 Esslöffel Wasser

Belag:

250 g Quark

200 g Frischkäse

1/4 Becher Crème fraîche

etwas Knoblauchsalz,

Paprika und Pfeffer

Dekoration:

Cocktailtomaten

Petersilie oder

Schnittlauch

Herz-Backform

Zubereitung:

Alle Teigzutaten zu einem glatten Teig kneten, auswellen und in eine gefettete Herzform legen. Im vorgeheizten Backofen bei 200 Grad ca. 30 Minuten backen. Für den Belag Quark, Frischkäse, Crème fraîche, Gewürze gut verrühren. Das ausgekühlte Kuchenherz mit etwa $1/3$ der Quarkmasse bestreichen. Restliche Creme aufspritzen, Tomaten, Petersilie oder Schnittlauchröllchen als Dekoration anbringen. Der Belag kann beliebig verändert werden z.B. auf den Kuchenboden Schinkenwürfel streuen, Quarkschicht darüber geben, mit Salatgurkenscheiben, Paprikastreifen oder Kresse verzieren.

Hefeteig-Zubereitung

Mehl in eine Schüssel sieben. In die Mitte eine Mulde drücken, Hefe hineinbröckeln, etwas Zucker darüberstreuen. Hefe und Zucker mit etwas lauwarmer Milch glatt rühren, mit Mehl bestäuben. Die Schüssel mit einem Geschirrtuch abdecken. Den Vorteig ca. 15 Minuten gehen lassen. Restliche Milch, weiche Butter, Zucker oder Salz, Eier dazugeben, zu einem glatten Teig kneten, so lange abschlagen bis er Blasen wirft, sich von der Schüssel löst und glänzt. Den Teig mit einem Tuch abdecken und bei Zimmertemperatur etwa 1 Stunde gehen lassen (bis er sich verdoppelt hat). Nochmals durchkneten, entsprechend dem jeweiligen Rezept weiterverarbeiten.

Biskuitteig-Zubereitung

Eigelb, lauwarmes Wasser, Zucker, Salz zu einer dicken, schaumigen Masse rühren. Das sehr steif geschlagene Eiweiß auf die Eigelbmasse geben. Darüber das mit Backpulver und Speisestärke vermischte Mehl sieben. Alles vorsichtig unter die Eigelbmasse ziehen. Den Teig in eine mit Pergamentpapier ausgelegte Springform füllen. Im vorgeheizten Backofen bei 175 Grad backen. Danach den Biskuit auf ein Kuchengitter legen, gut auskühlen lassen, anschließend das Pergamentpapier entfernen. Weiterverarbeitet wird der Biskuit wie im Rezept angegeben.

Rührteig-Zubereitung

Alle Zutaten sollten Zimmer-
temperatur haben. Die Butter schaumig
schlagen, abwechselnd Zucker,
Eier dazugeben, zu einer cremigen Masse
rühren. Nach und nach das gesiebte mit
Backpulver vermischte Mehl
zusammen mit der Milch einrühren.
Den Teig in eine gefettete
Backform füllen und dem jeweiligen
Rezept entsprechend im vorgeheizten
Backofen backen.

Mürbteig-Zubereitung

Das Mehl auf eine Arbeitsfläche sieben.
In die Mitte eine Vertiefung drücken,
Zucker und Ei hineingeben,
mit etwas Mehl verrühren. Auf den
Mehlrand die kalte, kleingeschnittene
Butter legen, alles zu einem glatten Teig
kneten. Diesen zugedeckt etwa 1 Stunde bis
zur Weiterverarbeitung in den
Kühlschrank stellen.

Die erfolgreichen

Elke und Timo Schuster
Margret Hoss
Aufläufe & Co.
64 S. / gebunden
29,7 x 21 cm
€ (D) **9,95** € (A) 10,30
ISBN 978-3-7806-2001-9

Elke und Timo Schuster
Johanna Ignjatovic
Backgeheimnisse
64 S. / gebunden
29,7 x 21 cm
€ (D) **9,95** € (A) 10,30
ISBN 978-3-7806-2000-2

Elke und Timo Schuster
E. Zeidler und M. Rohrbeck
Familienküche
48 S. / gebunden
29,7 x 21 cm
€ (D) **9,95** € (A) 10,30
ISBN 978-3-7806-2032-3

Elke und Timo Schuster
E. Zeidler und M. Rohrbeck
Backbuch
64 S. / gebunden
29,7 x 21 cm
€ (D) **9,95** € (A) 10,30
ISBN 978-3-7806-2011-8

Elke und Timo Schuster
E. Zeidler und M. Rohrbeck
Bäckerei
48 S. / gebunden
29,7 x 21 cm
€ (D) **9,95** € (A) 10,30
ISBN 978-3-7806-2022-4

Elke und Timo Schuster
Margret Hoss
Feine Waffeln - Tolle Muffins
64 S. / gebunden
29,7 x 21 cm
€ (D) **9,95** € (A) 10,30
ISBN 978-3-7806-2023-1

Elke und Timo Schuster
Margret Hoss
Backen für Freunde
64 S. / gebunden
29,7 x 21 cm
€ (D) **9,95** € (A) 10,30
ISBN 978-3-7806-2004-0

Elke und Timo Schuster
Margret Hoss
Geburtstagsbuch
64 S. / gebunden
29,7 x 21 cm
€ (D) **9,95** € (A) 10,30
ISBN 978-3-7806-2010-1

Koch- und Backbücher

Elke und Timo Schuster
Margret Hoss
Kartoffelkiste
64 S. / gebunden
29,7 x 21 cm
€ (D) 9,95 € (A) 10,30
ISBN 978-3-7806-2003-3

Elke und Timo Schuster
E. Zeidler und M. Rohrbeck
Pfannkuchen & Co.
64 S. / gebunden
29,7 x 21 cm
€ (D) 9,95 € (A) 10,30
ISBN 978-3-7806-2007-1

Elke und Timo Schuster
Margret Hoss
Salate
64 S. / gebunden
29,7 x 21 cm
€ (D) 9,95 € (A) 10,30
ISBN 978-3-7806-2024-8

Elke und Timo Schuster
Margret Hoss
Kochen für Freunde
64 S. / gebunden
29,7 x 21 cm
€ (D) 9,95 € (A) 10,30
ISBN 978-3-7806-2005-7

Elke und Timo Schuster
Margret Hoss
Reisküche
64 S. / gebunden
29,7 x 21 cm
€ (D) 9,95 € (A) 10,30
ISBN 978-3-7806-2009-5

Elke und Timo Schuster
Margret Hoss
Suppen & Eintöpfe
64 S. / gebunden
29,7 x 21 cm
€ (D) 9,95 € (A) 10,30
ISBN 978-3-7806-2015-6

Elke und Timo Schuster
Margret Hoss
Nudelzauber
64 S. / gebunden
29,7 x 21 cm
€ (D) 9,95 € (A) 10,30
ISBN 978-3-7806-2002-6

Elke und Timo Schuster
Margret Hoss
Rezepte für Feste
64 S. / gebunden
29,7 x 21 cm
€ (D) 9,95 € (A) 10,30
ISBN 978-3-7806-2021-7

Elke und Timo Schuster
E. Zeidler und M. Rohrbeck
Zauberhafte Backrezepte
64 S. / gebunden
29,7 x 21 cm
€ (D) 9,95 € (A) 10,30
ISBN 978-3-7806-2026-2

Elke und Timo Schuster
Margret Hoss
Süße Früchte
64 S. / gebunden
29,7 x 21 cm
€ (D) 9,95 € (A) 10,30
ISBN 978-3-7806-2019-4

Elke und Timo Schuster
Margret Hoss
Torten-ABC
64 S. / gebunden
29,7 x 21 cm
€ (D) 9,95 € (A) 10,30
ISBN 978-3-7806-2014-9

3 Bände
nur
14,95 €
einzeln: 29,85 €

Elke Schuster / Timo Schuster
Eva Zeidler / Manfred Rohrbeck
Das große Weihnachtsbackbuch
192 S. / gebunden / 29,7 x 21 cm
€ (D) 14,95 € (A) 15,40
ISBN 978-3-7806-2034-7

Elke Schuster / Timo Schuster
Eva Zeidler / Manfred Rohrbeck
Johanna Ignjatovic / Margret Hoss
Das große Backbuch
184 S. / gebunden / 29,7 x 21 cm
€ (D) 14,95 € (A) 15,40
ISBN 978-3-7806-2035-4

Lieblingsrezepte

Elke und Timo Schuster
Eva Zeidler und Manfred Rohrbeck
Margret Hoss
Lieblings-Kochrezepte
48 S. / gebunden / 26,8 x 19 cm
€ (D) 9,95 € (A) 10,30
ISBN 978-3-7806-2025-5

Elke und Timo Schuster
Eva Zeidler und Manfred Rohrbeck
Margret Hoss / Daniela Pohl
Lieblings-Weihnachtsrezepte
48 S. / gebunden / 26,8 x 19 cm
€ (D) 9,95 € (A) 10,30
ISBN 978-3-7806-2033-0

Meine Rezepte

Verantwortlich: Elke und Timo Schuster
Illustrationen:
Vor- und Nachsatz   Eva Zeidler und Manfred Rohrbeck
S. 1–114, 175–177   Eva Zeidler und Manfred Rohrbeck
S. 115–173   Margret Hoss
Fotografie: Axel Waldecker

Bibliografische Information der Deutschen Bibliothek
Die Deutsche Bibliothek verzeichnet diese Publikation in der Deutschen
Nationalbibliografie; detaillierte bibliografische Daten sind im Internet über
http://dnb.ddb.de abrufbar.

1. Auflage 2022
© 2022 Verlag Ernst Kaufmann, Lahr

Druck und Bindung: Himmer AG, Augsburg
ISBN 978-3-7806-2036-1
www.zwergenstuebchen-schuster.de